好关系
是麻烦出来的

格子珊◎著

北方文艺出版社

图书在版编目（CIP）数据

好关系是麻烦出来的 / 格子珊著 . -- 哈尔滨：北
方文艺出版社，2019.4（2019.6 重印）

ISBN 978-7-5317-3817-6

Ⅰ . ①好… Ⅱ . ①格… Ⅲ . ①人生关系 – 通俗读物
Ⅳ . ① C912.11-49

中国版本图书馆 CIP 数据核字（2019）第 034063 号

好关系是麻烦出来的
HAOGUANXI SHI MAFAN CHULAIDE

作　者 / 格子珊

责任编辑 / 富翔强　徐昕　　　　　　装帧设计 / 平平

出版发行 / 北方文艺出版社　　　　　邮　编 /150080
发行电话 /（0451）85951921　85951915　　经　销 / 新华书店
地　址 / 哈尔滨市南岗区林兴街 3 号　　网　址 /www.bfwy.com

印　刷 / 天津旭非印刷有限公司　　　开　本 /880×1230　1/32
字　数 /132 千　　　　　　　　　　印　张 /7.5
版　次 /2019 年 4 月第 1 版　　　　　印　次 /2019 年 6 月第 2 次印刷

书　号 /ISBN 978-7-5317-3817-6　　　定价 / 46.80 元

怕麻烦别人，实际上，是不愿意承认自己需要对方，也活生生斩断了别人对自己的需要。愿我们都能走出孤岛，伸开双臂，尽情地拥抱别人，也尽情地被别人拥抱！

前言　　　最高配的麻烦是对身边资源的
整合和利用

你身边也许有这样的人，他们经常说："我是一个不愿意麻烦别人的人，因为我不喜欢欠别人的人情。"

甚至我父母也会这样教育我——"自己能做的事情自己做，能不麻烦别人就不要麻烦别人。"

后来发生的一件事让我第一次对这样的观点产生了怀疑。

那是我刚进大学的第一天，同宿舍有四个女孩。为了表示友好，我将自己带过来的零食分成了四份，大家一人一份。其中有两个女孩都欣然接受了我送给她们的零食。唯有第三个姑娘，不管我如何示好，她始终不为所动。

后来，我一直与她保持着"井水不犯河水"的关系。我与其他两个女同学则相处融洽，有什么小麻烦总会互相帮忙。比如，我不在的时候她俩帮忙打开水，有人不在的时候请另外两个人帮忙取快递……虽然都是些琐事，但在这样日常的磨合之中，我们三个人之间建立了稳定又亲密的联系。甚至毕业之后，我们也常常聚会、交流。

唯有那个一开始就拒绝了我的姑娘，直到毕业后我们也未能亲近，我们听不到一点关于她的消息，给她打电话、发信息也都如石沉大海一般。大家似乎已经习惯了她那种自我保护的独立姿态，也感觉不到她的存在。

工作之后，我对"人要独立，能不麻烦别人就尽量不要麻烦别人"这个观点产生了更强烈的怀疑。

事实上，很多工作做得好的同事，正因为他们和长期合作的客户建立了彼此麻烦的"关系网"，才会形成深度同盟——大家彼此需要，才能共同把一件事办好，把一份亲密关系维系好。

那个时候我才明白，适度麻烦别人，不仅不是什么坏事，相反，正是因为这种麻烦，才令我们有理由彼此接近，建立深度联系。

大多数人将麻烦别人和独立完全划清界限，其实是用单一的视角看世界。

只要我们有分寸感，勇于向人求助，恰恰证明了我们的内心是丰足的——我们不必把自己伪装成无所不能，更无需害怕偶尔向别人求助一次就会被人看不起。

偶尔的示弱，会让你更有力量。

我们不愿意麻烦别人，正是因为我们不愿意承认自己是一个普通人，我们的能力是有限的，我们无法什么都做好。

认识到这一点时，我们的内心才能获得真正的平和、宁静。

所以，"该不该麻烦别人"从来都不是一个问题。真正能成为问题的，是我们应该如何通过互相帮助的互动关系与别人建立联系，同时还能把握好其中的分寸感、界限感。

克服这种认知缺陷本身需要很大的努力，只能在成长的过程中渐悟渐醒。

可惜的是，很多人从小就对"人与人之间保持什么样的关系才是正常的"这一点，缺乏足够的了解。这个任务在幼儿阶段没有完成，之后又让位于多年的应试教育，一拖就是十几年。

其实，人际关系中需要用到的不光是"情商"或"察言观色的能力"，还有很多能力原本就掩藏在相互往来的过程中。

向他人寻求帮助，不一定都是在麻烦别人，而可能是我们适当地突破自己的"心理安全区"，并以这样的方式去和不同背景的人交流，进行对话，进而构建某种亲密关系。

而麻烦他们，就是我们主动为自己制造这样的契机。

有时候，人与人之间的联系，甚至羁绊，就是在你麻烦我、我麻烦你的过程中一点点建立的。不要害怕麻烦别人，毕竟，作为社会性动物，你我不可能脱离人群而存在。

就像英国诗人约翰·多恩的著名诗句——

没有人是一座孤岛，

谁都无法自全而活。

目 录

PART 1
最好的关系永远是彼此需要

PART 2
我们通过"互相麻烦"靠近彼此 ⧖

PART 3

有一种存在的意义叫作"被人需要"

PART 4
学会向人求助，和谐人际关系的助推器

PART 5
⧗ 关系的本质是交情，而不是交易

⧗ 后记：麻烦，是对良好关系的滋养

最好的关系
永远是彼此需要

没有人是一座孤岛，哪怕内心再抗拒，
也不能否认我们与外部世界息息相关的事实。
你再懂事、再独立，也有力所不及的时候。
当你学会承认自己的"乏力"，并开口求助时，
你才真正地懂事了，独立了。

一个人的力量终究是有限的

> 只有走出孤岛，跟身边的人来往密切，相处融洽，打成一片的人，才能笑到最后，拥有如磐石般稳稳的幸福。

前几天，一位朋友突然告诉我，她离婚了，目前已火速从曾经的家中搬离，一个人在公司附近租了一室一厅。

新家虽然简陋，但她依旧敝帚自珍，地板被她擦得干干净净，家里各个角落都摆满了鲜花绿植。每当她深夜下班回到家中，一开门，空气中香甜的味道就这么扑面而来，将她工作一整天带来的疲惫一扫而尽。

"你知道吗？很多人都说单身生活很孤单，但我却觉得很幸福，就算身边没有人陪伴，我一个人也能够过得非常好。"朋友自信满满地跟我说。

然而，对于她的笃定和自信，我只是笑笑，并没有说话。

不知道为什么，现在很多人对于独居生活都有一种盲目的乐观，他们跟我朋友一样，觉得自己无所不能，既能工作养活自己，又能操持家务过好日子，根本不需要麻烦任何人。

他们把自己活成了一座"孤岛"，相信自己能在这座孤岛上自给自足，无忧无惧，却没有想过，当暴风雨来袭时，自己该何去何从？当孤独侵扰时，自己又该如何排遣？还有当疾病缠身时，一个人是否真的能照顾好自己？

人们常说，岁月静好，现世安稳。是啊，在生活顺遂时，眼前的一切看起来似乎都那么美好，我们孤身独行，对未来充满希望，觉得一切都在自己的掌握中；而当生活的大船触礁，各种变故接踵而至时，我们立马就会慌了手脚，茫然四顾，却发现没有人可以支援自己。

到那个时候，我们才会幡然醒悟，一个人的力量终究是有限的。

朋友跟我谈完心后，有近一个月未跟我联系，我以为她还沉浸在一个人自由自在的生活中，所以也没去打扰她。直到有一天，我在朋友圈看到她发的一条状态："一个人住，最可怕的就是生病，我要好好地照顾自己。"

短短的一句话，当事人想要表达的或许是坚强，可作为其朋友的我，读出来的却是脆弱和无助。其实，朋友并不知道，她现在所走的，正是我曾经走过的路。

记得初入社会，刚参加工作那会儿，我经常在凌晨突发胃痛。痛到在床上打滚时，我才想起自己最后一次按时吃饭，还是过年在家住的时候。

那个时候，因为有妈妈的监督和照顾，我一日三餐都会按时吃，饭菜营养搭配也很均衡。每次吃完饭后，妈妈还会递给我一小盘水果。盘里的水果很少重样，有时是切成小段的香蕉，有时是剥了皮的橘子，有时又是洗净的葡萄。

可当时，我身在福中不知福，并没有把妈妈对我的贴心照顾当回事，满脑子想的都是快点过完年，离开父母过独立自主的生活。

我以为自己很强大，不需要麻烦父母，一个人也能生活得很好。但没想到，生活的教训来得那么快。

自参加工作以来，我没好好地吃过一顿饭。每天早上起床，匆忙洗漱后，我就拎着从路边摊买来的煎饼挤公交，再火急火燎地冲进办公室。有时候，因为老板提前到了公司，我连消灭煎饼的时间都没有，只能趁老板不注意时偷偷地啃几口。午餐更是简单，一袋饼干配一盒牛奶就可以轻松打发。这还算好的，要是工作忙起来，我常常午饭和晚饭一起吃。

不会下厨做饭，也不爱去饭馆用餐的我，经常网购一些零食，如辣鸭脖、泡面、火腿肠、核桃、瓜子、果冻等，下班后，家里有什么就吃什么。要是零食都吃完了，当天来不及网购补货，我就跑到社区烧烤摊，随便吃点东西垫垫肚子。

起初，我以为自己可以一直这么过下去，但正如作家茨威格所说："所有命运赠送的礼物，早已在暗中标好了价格。"很快，我就为这种不健康的饮食习惯付出了代价。因为每天都不按时按点地吃饭，每次吃饭都吃些没有营养的食物，我的胃变得越来越脆弱，动不动就痛。

而胃痛就成了第一张倒下的多米诺骨牌，直接在我的生活中引发了一系列负面的连锁反应。因为身体不舒服，我的精神状态就不太好，工作时不时会出现差错，老板为此对我颇有不满，觉得我不是一个合格的员工。

结果，工作的不顺心又加重了我的胃痛，我渐渐觉得，跟父母住的那段日子才是我人生中最幸福的时光，至少我的胃得到了足够的关爱和呵护。

佛教创始人释迦牟尼有一次问他的弟子们："一滴水怎样才能不干涸？"弟子们面面相觑，谁也不知道答案。见状，释迦牟尼笑着说："把水放到大海里。"

一滴清澈、透亮、洁净的水，离开大海很快就会干涸，其实，生而为人，我们又何尝不是如此呢？"人"这个字造得相当好，一撇一捺，象征着人与人之间相互扶持，互相取暖，凭借着你来我往的温情，我们才能携手走得更远。

所以，朋友跟当初的我都太过天真，我们以为自己是万能的，无须麻烦他人就能独立在这个世界上生存，可现实却狠狠地给了我们一巴掌，让我们深刻地认识到一个颠扑不破的真理——人是社会性的动物，没有谁能脱离社会而独立生存，如果你不想麻烦别人，那就要让自己吃许多无谓的苦。

生活中，那些日子过得最滋润的人，往往都是热衷于麻烦别人的人，他们十分清楚自己到底有几斤几两，因此，他们从不盲目自信，觉得仅凭一己之力就能驾驭生活这艘大船。在遇到风浪的时候，他们会当机立断，迅速地向周围的同伴发出求救信号，而同伴们也非常乐意提供帮助，将他们从危难中解救出来。

在彪悍的生活面前，自视甚高，执意将自己困于孤岛的人，无异于以卵击石，只能以挫败收场。只有走出孤岛，跟身边的人密切来往，融洽相处，打成一片的人，才能笑到最后，拥有如磐石般稳稳的幸福。

最好的关系永远是彼此需要

> 　人世间最好的关系永远是彼此需要。

　　有次外出旅行，在火车上认识了一个二十来岁的小姑娘，长得特别漂亮，身材玲珑有致，说话也很得体，一看就是很多男孩心目中的"女神"。

　　我笑着打趣她，你条件这么好，生活中一定有很多男性追求你吧？她露出一丝苦笑，郁闷地说，想追我的人确实很多，但敢追我的人却没几个。

　　怎么可能呢？我有些不相信她的话，以为她在谦虚、客气。可是，她接下来分享的一个小细节，却彻底打消了我的疑虑。

　　小姑娘说自己是一个女汉子，什么事情都不假手于人，非要自己独立完成。有一次，家里的米快吃完了，她去超市买了一袋米，路上遇到一个一直对她有好感的男性朋友，对方说要帮她把米送回家，她却一本正经地拒绝了："没事，我自己能扛回去。"

我哑然失笑，"你这又是何苦呢？男女在体力上本来就有很大差距，别人愿意帮你，你干吗不欣然接受呢？"她耿直地说："我就是觉得自己能行，不想麻烦别人。"

真是一个傻姑娘！她不知道，在喜欢她的人那儿，麻烦等于需要，不想麻烦则意味着拒绝。她不想麻烦别人，对方就会认为她不需要自己，她在拒绝自己。

而在一个不需要自己，拒绝自己的人面前，再有心的男人都会迅速撤退。

其实，在这个世界上，一个人最大的需要，不是腰缠万贯，不是丰功伟绩，也不是名利地位，而是为人所需要。

"儿子，你最近手头是不是有些紧，这些钱你拿着！"

"闺女，今天回家吃饭吗？我给你做了好吃的。"

"老婆，你生日快到了，我想送你一个包包！"

"老公，工作累了吧，我帮你放了热水，你快去洗澡吧。"

……

以上这些话都是日常生活中我们常听到的，一个人所扮演的角色不同，听到的话也不尽相同，但这些话里所要传达的含义却别无二致。

什么含义呢？很简单，就是我想给你，我想为你付出，我想被你需要。

在每个清寒的早晨，我们渴望来一杯热乎乎的牛奶；在每个下雨的午后，我们期望手持一把足够大的雨伞。牛奶和雨伞都是有价值的，因为它们被我们需要。

"被需要"是人的一种非常重要的心理需求，很多人都通过"被需要"来感受自己存在的价值，所以，人世间最好的关系永远是彼此需要。

父母与子女互相需要，丈夫与妻子互相需要，朋友之间互相需要，到最后才容易成就一段段和谐、融洽、亲密、牢固的关系。

有人说，世上最动人的情话是"我爱你"，但我却坚持认为，比"我爱你"更有杀伤力的一句话是"我需要你"。

在亲情中，这是一句会让父母眼角湿润的话：原来孩子长大了，还是需要我，我还有价值，我并不是一个不中用的老头儿（老太太）。

在爱情中，这是一句会让伴侣柔情涌动的话，这是最深情、最甜蜜的告白：亲爱的，我离不开你，没有你的世界不完整。听到这句话后，相信不论是谁都会被打动，从而放下手中的一切来陪伴你，满足你的需求，给你想要的幸福。

在友情中，这是一句会让友谊升温的话，朋友听了会暗暗高兴，第一反应会是："原来，我跟他相隔甚远，好久不见，他还一直记挂我！"又或者是："哇，他竟然需要我的帮助，原来我还能帮到他！"

人本主义心理学先驱阿尔弗雷德·阿德勒曾说："每个人来到这个世界上都是为了追求一种价值感和归属感。"被需要就是这种价值感和归属感的集中体现，当你被人需要时，你的内心是充盈的，你的嘴角是带笑的，你的步伐是有力的。

我的上司岚姐是一个亲和力爆棚的人，她在公司的人缘特别好，当别人总在我面前抱怨这个同事难相处，那个同事难应付时，我从来没有见过她为这些事儿愁眉苦脸过。不管是当面还是私下里，所有人一提起她，都是一脸欢喜的笑意。

通过一段时间的观察，我终于知道她为什么那么受欢迎了。

岚姐有个很好的习惯，她喜欢跟人分享东西。她几乎每天上班都会带上一些小零食，闲暇时分，她就会把零食拿出来放在桌子上，然后吆喝一嗓子："来来来，一起吃糖咯！"热情地邀请同事跟她一起大快朵颐。

大家围在一块儿吃零食，聊天，说笑，每个人都很放松，一方面，工作上的压力得到了极大的缓解，另一方面，彼此间的距离也被拉近了，不再像之前那般紧张、严肃。

其实，在职场上，有很多人习惯拒绝同事的零食。他们之所以这

　　么做，有的是觉得不好意思，有的纯粹是不稀罕，看不上。但不管出自何种心态，这种拒绝的姿态都会让同事感觉不舒服，同事会想：原来你并不需要我，我在你那里没有价值。

　　岚姐是个例外，她就不会让人不舒服，她不仅喜欢跟同事分享自己的零食，而且她从不会拒绝同事送上门来的零食。在她看来，分享零食的举动正是一个人主动向对方释放善意的表现，她特别喜欢这种善意，也特别需要这种善意。

　　除了跟同事分享零食，岚姐还喜欢和同事拉家常，比如最近都种草了什么宝贝呀，有什么比较好的护肤妙招呀，又或是吐槽自家的老公和小孩……岚姐如此敞开心扉，同事们受到感染，也纷纷敞开心扉，和她分享自己生活中的喜怒哀乐。

　　岚姐常说，大家同事一场，有什么事情互相帮忙，不要怕麻烦，今天你有急事要先回家，我就帮你把工作收下尾，明天我工作忙没时间买饭，你出去用餐顺手帮我带一份回来……时间一长，彼此都在对方那儿找到了被需要的感觉，关系自然就好了。

　　你看，被需要并不是负累，而是我们在俗世前行的动力，即便我们遇到再多的困难，遭受再多的委屈，只要想到心中所牵挂的人，想到他们对自己的信任、期待和依赖，我们就能重新披上战袍，迎难而上，咽下委屈，继续为他们遮风挡雨。

心理学家武志红说过："很多人怕麻烦别人，但是，不麻烦彼此，关系也就无从建立。有这种麻烦哲学的人，难以发出对关系的渴望，所以势必会退回到孤独中。"

怕麻烦别人，实际上，是不愿意承认自己需要对方，也活生生斩断了别人对自己的需要。但愿我们不要成为这样的人，但愿我们都能走出孤岛，伸开双臂，尽情地拥抱别人，也尽情地被别人拥抱！

太过独立，往往让人难以亲近

> 人生最好的状态，是保持自己的独立人格，同时又拥有灵活柔软的身段。

"不伸手向父母要钱，保持经济独立，你才有话语权。""精神独立很重要，女人万万不能失去自我，把男人当成世界的中心。"

相信很多人都对这两句话不陌生，经济独立，精神独立，一直为我们这个时代所宣扬。所以，如果你成年了还啃老，是会被社会大众指责的，别人会说你有手有脚，为什么不独立一点，自己工作养活自己？

另外，如果你是一个缺乏自我，过分依赖伴侣的人，日后若是被伴侣抛弃，别人非但不会同情你，还会觉得你活该，谁叫你精神不独立，没有自己的世界，成天只知道围着伴侣打转呢？

不可否认，作为一个成年人，经济独立和精神独立，确实能让我们更好地生活在这个社会上，很多事情我们都能独立解决，用不着麻烦别人。

但凡事过犹不及，一个太过独立的人，往往会把自己撑成一个气球，将身边来自他人的温情空气全部挤走。你以为你很独立，可别人却觉得你难以亲近，充满了距离感。

"万人迷"陈好大学时代没有被任何一个男生追求过，她一直不明白问题出在哪里，直到有一天，一个男生认真地对她说："你太强了，我们哪敢追你？"

陈好这才猛然醒悟："我以前特别自立，慢慢才发现女人太能干会惯坏男人的。所以我建议天下女人只要内心有自立意识就好，外表千万不要太强，因为男人需要驾驭感，喜欢小鸟依人的女人！"

其实，不管是男人还是女人，都没必要太过独立，当你一个人承包生活、工作和情感，完全断绝来自外界的帮扶时，你就成了一座孤岛，以后你就只能孤独。

前几天看过一个笑话。

一个男人跟朋友吹嘘自己的老婆："我媳妇儿特别强大，自己洗衣、做饭、逛街、打扫房间、管孩子、赚钱，什么都难不倒她！"

对方冷冷地回他："像你媳妇儿这样的人，在我们村里叫寡妇。"

多么好笑的笑话啊，可笑过之后，却不得不让人深思。

不知道你想过没有，如果你什么都能做，什么都难不倒你，万事不需要别人帮忙，那你跟孤家寡人有什么分别？尽管你的亲朋好友还健在，但于你而言，他们已经沦为一个符号，而不具备实际的意义。

当然，对于他们来说，你也是一个符号，只不过区别在于，这种情况你是主动选择的，他们则是被动接受的。他们想跟你亲近，但无奈你把大门关得紧紧的。

我有个表弟，他从小就很独立，没让大人操过心。毕业后参加工作，他也一直保持着这样的个性，不爱往人堆里扎，经常独来独往，一个人吃饭，一个人逛街，一个人看电影。身边的家人、朋友、同事都说他孤僻，不好接近。

父母也常在他耳边唠叨，你多跟大家走动一下呀，你这么独立干吗呢？他却不以为然，直接反问父母，独立又有什么不好？

独立是没什么不好，只是太过独立，会让喜欢你的人望而生畏，无从接近。他们从你这儿接收到的信息永远是：哦，原来他一个人也能过得很好，原来他根本不需要我，我的存在对他没有任何价值和意义。

一旦你让身边的人产生了这种心理感受，伤害就已经造成，对方会感觉很失落，从而远离你，渐渐从你的生活中消失，有的甚至还会生你的气，因为你所展现出来的"不需要"，让他的自尊心受损了，魅力受损了，他不讨厌你，不怨恨你才怪呢！

很可惜，表弟没有认识到这一点，他跟大多数人一样，对独立的认识还不够深刻，他以为独立的姿势很酷，不需要别人的自己很强大，却忽略了最基本的人性。

有一天，朋友邀请他去家里做客。当时已临近中午，朋友的母亲正在厨房里忙活，朋友一边跟他聊天，一边跑到厨房跟母亲撒娇，"老妈，你做的这道鱼香肉丝好好吃呀！我馋它馋了好久了，今天总算有口福了！"

母亲笑着说："那你平时也可以自己试着做一下啊，来来来，要不我现在教教你？"朋友连忙摆摆手说："不要啦，我学不会，我做的永远没有你做的那么好吃。"

表弟当时正坐在客厅的沙发上，听到朋友的这句话他很吃惊，因为前不久他才吃过朋友做的鱼香肉丝，味道特别好，特别让人惊艳。

后来，看到朋友揽着母亲的肩膀，两人有说有笑地从厨房走出来，表弟才隐隐明白了一些事情，原来，父母对他太过独立的担心并不是多余的。

是啊，人人都追寻存在感，人人都需要"被需要"，一个人如果太过独立，事事都想向别人证明，没有你，我依旧能过得很好，那无疑是在摧毁这段关系。

生活中，很多人都误解了"独立"这个词，独立的意思是指关系上不依附、不隶属，依靠自己的力量去做某事，而不是说我们不需要任何人。

　　要知道，在这个世界上，不需要任何人的人是不存在的。

　　刚出生的婴儿，需要母亲的乳汁喂养，不然他活不下来，长大后的我们，即便可以自力更生，赚钱养活自己，也没办法自己生产果腹的食物，自己制造保暖的衣服，所有的一切无不需要从外界获取。

　　所以，跟人来往，你真的没必要太过独立。太过独立会让你少了很多人情味，这样的你，在别人的眼里，永远只能远观不能靠近；在别人的心里，也永远只是一个看起来很强大的陌生人。

　　人生最好的状态，是保持自己的独立人格，同时又拥有灵活柔软的身段。前者给予你强大的自我和稳定的内核，后者则能帮助你跟外界建立良好的关系，让你虽独立于世，却不至于孤僻到让人难以亲近。

　　能够平衡这两者的人，才是我们要成为的人。

你的懂事在别人眼里是冷漠

> 人与人之间的关系，只有在亲密互动中才能逐渐升温。

以前，我是一个特别害怕麻烦别人的人。

麻烦别人，意味着让别人利益受损来成全自己的需求，我宁愿自己多花一点时间和精力，多吃一些苦，多受一些委屈，也不愿意走这种"损人利己"的捷径。

所以，我永远不会对别人说这样的话："你能不能帮我签个到？""可以帮我买杯咖啡吗？""给我带一份早餐好不好？""我想找你借点钱。"……签到，我自己签；咖啡，我自己买；早餐，我自己带；没钱，我自己省吃俭用，白开水配馒头。……

是的，就算生了病，身体不舒服，需要别人的帮忙，我都不会开口麻烦别人，只会默默地躺在床上睡觉，该吃药了，就挣扎着起来吃药，肚子饿了，就强撑着身体煮粥。不管怎么样，我都会一个人咬着牙，熬下去，直到身体恢复健康。

对于我的这种性格，有位前辈曾意味深长地说："你真适合在日本生活。"日本人是出了名的不爱麻烦别人，他们动不动就鞠躬，动不动就说"对不起，给您添麻烦了"，可实际上，他们做的事情并没有太过分，别人根本就没放在心上。

很多去过日本的人，都感叹日本人素质高，说话办事很客气，很有礼貌。所以，在很长的一段时间里，我一直以为前辈说的那句话是对我的褒奖，说明我是一个很懂事、很贴心，处处为别人着想的人。

可是慢慢地时间长了，我发现自己一直引以为傲的懂事，在别人看来竟是一种冷漠。说实话，这个发现把我吓到了，我甚至为此惊出了一身冷汗。

怎么会这样呢？我反复问自己，明明是一片好心，一番好意，为什么别人就是领悟不到，反而要给我贴上一个"冷漠"的标签呢？

带着满脑子的疑惑和不解，我去请教了那位前辈。前辈淡淡地说："你不愿意给别人添麻烦，发心的确是好的，可你有没有想过，如果你一直不麻烦别人，不跟别人互动，那你跟别人的关系就热络不起来，别人看你当然就觉得冷冰冰了。"

原来，好关系是麻烦出来的。

原来，我一直走在一条错误的道路上。

　　我以为，不麻烦别人，是懂事，是贴心，是善解人意，别人看到我这一面会更加喜欢我，亲近我，没想到却适得其反，别人只会觉得我冷漠，孤僻，不近人情，从而离我越来越远，直到将我彻底边缘化，我把自己变成了一个格格不入的怪咖。

　　值得庆幸的是，我早早地醒悟过来了，没有一条错道走到黑，将自己活成一座孤岛。在以后的日子里，我决定摘下懂事的面具，走进身边人的世界，实实在在地跟他们打交道，让他们看到一个有血有肉、能哭会笑的我，让他们真真切切地感受到我的温度，进而惊叹道："呀，原来她这么亲切啊！"

　　亲切是一种人际魅力，我们都喜欢跟亲切的人打交道，没有哪个傻瓜愿意用自己的热脸去贴冷屁股。所以，如果你想让更多的人喜欢你，亲近你，首先你就要做一个跟别人来往密切，互动频繁，愿意麻烦别人，也愿意被别人麻烦的人。

　　英国女政治家玛格丽特·撒切尔夫人就是这样一个人。

　　在大选来临之前，撒切尔夫人所在的保守党面临着一个难题，他们不知道该如何去阻止颓势。这个时候，撒切尔夫人提出了一个让人信服的办法，她笑着说："我们只有一个办法，那就是走出去，到选民中去，这样就会获得最终的胜利！"

　　决定走亲和力路线的撒切尔夫人，每天都在大街上东奔西跑，走家串户。她一会儿在这家小坐一下，随意地和房东聊聊天；一会儿又同那个人握握手，或向坐在扶手椅里的人嘘寒问暖；一会儿又到商店询问商品价格。

总之，大部分时间，她都带着秘书黛安娜跑来跑去。

每逢午饭时，她就到小酒店和新闻发言人罗伊·兰斯顿以及委员会的其他成员一起喝会儿啤酒。然后，她又去握更多的手，接见更多的人，参加更多的集会发表演讲。

就这样，撒切尔夫人在民众面前展示了她热情、温暖、亲切、友善的一面，身体力行地赢得了越来越多的拥护者，为日后的首相竞选打下了坚实的群众基础。

可以想象，如果撒切尔夫人一直端着架子，不愿意跟民众打交道，那民众也不会支持她，选她做首相。

人与人之间的关系，只有在亲密互动中才能逐渐升温。你以为做一个懂事的人，不去麻烦别人，是不给别人增添负担，但实际上，你这样做反倒让别人堵心。每次看到你，想到你，对方心中涌现的不是温暖和轻松，而是冰冷和沉重。

记得很久以前在电视上看过一则公益广告——《老爸的谎言》。

电话铃声响了，老父亲接到女儿的电话，他在电话中跟女儿说："闺女啊，我跟老朋友出去玩了，你放心吧，我吃得饱，睡得香，一点儿都不闷。"

当女儿问起母亲时，老父亲停顿了一下，说："你妈妈不在，她出去跳舞了。没事儿，没事儿，你放心吧，你好好工作，不要担心我们俩。你忙啊，就挂了吧。"

其实，女儿并不知道，母亲生病住院了，父亲为了照顾母亲，这一阵总是家里医院两头跑，日子过得特别辛苦。

可怜天下父母心！老父亲跟女儿撒谎，是不想给女儿添麻烦，不想让女儿担心，影响到女儿的正常生活和工作。可是，这种"懂事"并不是女儿真正想要的，如果女儿得知真相，一定会感觉心头压着一块沉甸甸的大石头。

毕竟，为人子女，不怕父母麻烦自己，就怕子欲孝而亲不在。

所以，跟人来往，请你一定不要那么"懂事"，要知道，在跟你关系不那么亲密的人眼里，你的懂事只不过是冷漠的代名词，而在那些在乎你、关心你的人心里，你的懂事又往往会成为他们最大的负担，会引发他们最深的愧疚。

偶尔依赖不是错，你不用那么坚强

> 适度地依赖别人，会给对方带去一种极大的心里满足感。

你还记得吗？

小时候，你在外面跟小伙伴玩耍，不小心摔了一跤，膝盖都擦破皮了，你哇的一声哭出来，一头扎进妈妈的怀抱，寻求妈妈的抚慰。

妈妈温柔地问你怎么了，你一边号啕大哭，一边迫不及待地向她展示自己的伤口，"妈妈，你看，我流血了，好疼好疼啊！"

看你哭得那么伤心，妈妈也慌了，连忙检查你受伤的膝盖，心疼地说："哦，我可怜的宝贝，你一定很疼吧，来，妈妈帮你吹一吹，吹一吹就不疼了。"

妈妈的关心一下子就止住了你的眼泪，你感觉膝盖也不是那么疼了。你赖在妈妈的怀里好一会儿，心里冒起了幸福的泡泡。很快，你就满血复活，又重新回到小伙伴的队伍里，跟他们愉快地玩耍起来了。

那个时候的你，根本不懂什么叫"坚强"，你只知道，所有你想要的，你哭着闹着都要得到。你饿了，会有人给你做饭吃；你受伤了，会有人安慰你；你受委屈了，会有人帮你撑腰；你遇到困难了，会有人站出来帮助你……

长大后，你单枪匹马地上路，在社会上闯荡，途中难免会遇到让自己受伤、受委屈的人或事，可不知道为什么，你竟开始逼迫自己坚强。

你不许自己哭，你不许自己闹，你还不许自己麻烦别人。你在心里暗暗告诉自己，你已经不是一个小孩子了，号啕几声就有人匆匆忙忙给你端来"止疼汤"的美好童年，已经一去不复返了，如今，没有人可以给你依靠，你只能拼命坚强。

在深夜加班，连晚饭都来不及吃的日子里，你强忍泪水，笑着对电话那头的父母说："爸爸妈妈，我过得很好，现在正躺着看书呢！"

当身体不舒服，一个人蜷缩在床上呻吟的时候，你坚持不肯打扰正在出差的伴侣，只是贴心地发了一条微信：亲爱的，我多休息下就好了。

有人说，琴弦太松，无法发出美妙的声音；琴弦太紧，则会弦断音绝。其实，人心跟琴弦一样，如果我们不停地压抑自己的真实情感，无法通过正确的途径得以抒发，那么迟早会像绷得太紧的琴弦一样断裂。

不要再故作坚强了，大胆地去依赖吧！

总有一天，你会明白，再坚强的人，也有脆弱的时候，所以，偶尔依赖别人并不是错，而是你生而为人所享有的基本权利。

很多时候，我们以为依赖别人，会给别人添麻烦，但心理咨询师李菊红却说："依赖是我们内在的一种需要，也是增进关系的一种方式。适度的依赖，可以使人与人之间关系更亲密，有利于关系的建立和发展，有利于身心的健康。"

看到没有，依赖不是你独有的需求，而是全人类的共性，并且，适度地依赖别人，会给对方带去一种极大的心理满足感。从此，你在对方的心中，不再是遥不可及的日月星辰，而是可以紧紧握在手中，拥入怀里的真切温暖。

曾在网上看过一个求助帖，求助的人是一位男性，他跟妻子结婚快两年了，两人达成一致，暂时不要孩子。妻子是一个依赖性很强的人，刚谈恋爱那会儿，就对他非常认真，几乎把所有的时间和精力都放在他身上。

那个时候，他很享受这种被心爱的女人依赖的感觉，可时间一长，他就有点吃不消了，感觉自己快要窒息了。他抱怨道："我老婆一点点小事都要依赖我，有一次，她发现家里有只小蟑螂，自己不想把它打死，非得等我回去处理。"

后来，他终于不胜其烦，把内心的不满都对老婆说了，他希望老婆以后坚强一点，与他并肩作战，不要凡事都依赖他，指望着他来解决。

其实，这种要求并不算过分，婚姻本来就是一场合作，夫妻二人应相互扶持，而不是一方闲着没事干，另一方却天天负重前行。

听了他的话，老婆虽然面色有点阴沉，但还是答应了他的要求。

很快，老婆就收回了对他的依赖，他感到如释重负，身心都轻松了很多，整个人十分满足，每天上班都是哼着小曲去的。

可是，好景不长，他渐渐地发现有点不对劲了。原本，每天吃完晚饭后，他会跟老婆一起坐在沙发上看电影，可现在，老婆下班的时间越来越晚，两人别说一起看电影了，连一起吃饭的次数都屈指可数。

有一个周末，他甚至连续两天都没看到老婆的人影，打电话给她，她不接，发信息给她，她也不回。情急之下，他只好向岳父岳母求助。从岳父岳母的口中，他才得知，原来老婆跟闺蜜出去玩了。

他的心总算落了地，可同时他又很生气，他不明白老婆为什么会变成这样，连一声招呼都不打说走就走，要知道，以前的她即便下楼扔个垃圾，都会先跟他说一声再去，绝不会像现在这样两天联系不到人。

对于老婆的转变，他很慌张，但老婆却对他说："你希望我坚强一点，不要那么依赖你，现在我遇到大小问题都能自己搞定，不麻烦你，你又有什么不满呢？"

老婆的质问让他哑口无言。他问网友：究竟是任由老婆这样坚强下去，还是让时光倒流，继续过老婆全身心依赖他的生活呢？

有网友说，这两种都不是最佳的答案，在一段关系里，坚强跟依赖并不是矛盾对立的，我们在坚强的时候，可以照顾别人，在脆弱的时候，也可以依赖别人。

很显然，老婆是误解了老公，她觉得老公不想给自己依靠，所以她逼着自己坚强。她的这种坚强是带有赌气成分的，她越来越不依赖老公，老公在她这儿的存在感就越来越弱，如果一直持续这种状态，他们的婚姻迟早会走到尽头。

专栏作家丛非从说过："一个只想依赖不想坚强的人，是不健康的；一个只想坚强不想依赖的人，也是不健康的。"是的，一个健康的人，一定是一个坚强的，同时又没有丧失依赖他人能力的人。

对任何人来说，坚强都是一件好事，只是，在你遇到困境，需要依赖的时候，伪装坚强却会让你更快地靠近崩溃的边缘，也会让爱你的人感到恐慌，感觉你就像一只断了线的风筝，无论他们怎么努力也抓不住。

因此，活在这个世界上，我们既要坚强，也要允许自己依赖。

朋友不怕你麻烦，就怕你不联系

> 朋友之间联系得越多，储备的感情才越深厚。

　　邻居家的小妹妹要上大学了，她在微信上对我说："姐姐，我舍不得离开我的好朋友小嫣，我跟她同学三年，我们再也不能在一块儿念书了。"

　　说完，她发了一个哭泣的表情。

　　真是一个可爱的小妹妹，我不禁莞尔。其实，朋友之间，有欢聚，就有离别，这是谁都无法避免的事儿。古时候，由于交通不便利，通信不发达，亲朋好友分别后，往往很多年都难见一面，所以，古人每逢离别，总是愁绪满怀，难舍难分。

　　但现在不一样了，我们所处的这个时代，交通便利，通信发达，你想跟谁说话，想跟谁见面，轻轻松松就能实现，根本不用像古人鸿雁传书那样麻烦。

　　于是，我安慰她说：没关系呀，虽然你们以后不在一个城市，但是如果你们想说话，随时都可以给对方打电话，传短信，发微信，聊QQ，想见面也不难，视频聊天就能解决问题，又或是买一张高铁票，几个小时后就能见到真人了。

　　和小妹妹聊完后，她开心地跟朋友出去玩了，我这个开导者反倒心里闷闷的，我想起了许久未联系的朋友。曾几何时，他们都是我心尖尖上的人，我以为我跟他们的友谊能持续一辈子，可现在呢，他们一个个都去哪里了呢？

　　你或许也有过这样的经历：

　　有时候，收到一个朋友的祝福短信，你才想起跟他已经有好些日子没联系了，是因为工作太忙吗？可是再忙也不至于连打个电话的时间也没有呀。

　　很多朋友就是这么走散的。

　　以前你跟他无话不谈，有时彼此兴致来了，一聊就是一个通宵，可现在呢，微信上只剩下一个简单的"最近还好吗？""嗯，还好。"然后就没有下文了。你对着手机屏幕发呆，完全不知道该说些什么。

　　有一次，我去外地出差，把事情办完之后，就一个人去吃了当地的美食，还拍了好几张美食照片发到朋友圈。

　　没过几分钟，我就收到朋友阿玲的评论：你在哪儿？来了也不跟我说一声。

　　阿玲的老公是当地人，他们结婚后就在这座城市定居了，由于时间匆忙，第二天我就要走了，所以没有联系她，怕打扰到她的工作和生活。

　　可没想到，阿玲却误会我不把她当朋友，直接跟我打电话抱怨："每次都是我主动联系你，为什么你都不主动联系我呢？你到我所在的城市了，都不跟我说一声，难道你就不想跟我见一面叙叙旧吗？在你心里，我是不是一个无足轻重的人？"

　　我急着跟她解释："不是这样的，我一直都惦记着你，这次没跟你说，是因为我不想麻烦你。"

　　一直以来，我都觉得，真正的朋友，即使不联系，也不会忘记，即使不问候，也不会生气。但最后阿玲的反应却告诉我，我错得有多么离谱。

　　阿玲严肃认真地对我说："我从来都不怕你麻烦我，你要是麻烦我，正说明你需要我，我在你那儿有价值，有意义，我高兴还来不及，我怕的是你不联系我，把我当成空气一样视而不见，对我不闻不问，根本不需要我。"

　　我很感谢阿玲对我的"质问"和"讨伐"，如果她什么都不说，就带着对我的不满转身离去，从此把我拉入黑名单，那我日后一定会追悔莫及。

　　麻烦朋友不是罪，总不跟朋友联系，才是朋友心中的刺。但愿每个人都能及时明白这个道理，不要等到跟朋友渐行渐远了，才想着去挽救彼此的关系。

和食物一样，友谊也是有保鲜期的，如果你总让朋友躺在通讯录中，长时间不跟他联系，那他一定会感觉很心寒，认为自己不被你需要和重视，总有一天，你将彻底失去他，失去你们之间这段宝贵的友谊。

朋友之间联系得越多，储备的感情才越深厚。

在我们身边，那些跟朋友关系密切、感情深厚的人，总是会想方设法与朋友的生活产生交集。他们经常给朋友打电话，发微信，视频聊天，分享彼此生活的点点滴滴，即便大家相隔甚远，也会抽时间出来见面，一起吃个饭，谈谈心。

如果遇到烦心事，他们下意识地就想跟朋友倾诉，有什么难解决的问题，也会毫无顾忌地对朋友说。他们不怕麻烦朋友，朋友也不介意他们麻烦自己，只要是能帮得上忙的一定义不容辞，帮不上忙的也会尽力为你分担。

朋友的存在，是世间的暖。

听过一句谚语："兄弟可能不是朋友，但朋友常常是兄弟。"是啊，谁当你的家人，你决定不了；谁当你的朋友，你却能做主。可以说，朋友是你亲自挑选的家人，你跟他虽然没有血缘关系，但你们之间的感情，可能比家人更亲。

小敏有一个认识了八年的闺蜜，陪伴她度过了很多时光，谈恋爱的时候，闺蜜帮她出谋划策；失恋的时候，闺蜜跟她一起大骂渣男；结婚的时候，闺蜜是她的伴娘；生孩子的时候，闺蜜一直给她加油打气……

有人说，友情这玩意儿，一旦玩儿真的，比爱情还刻骨铭心。其实这也是小敏的心里话。她早就把闺蜜当作家人了，一天不与闺蜜联系，她就感觉浑身不对劲儿。

她跟闺蜜的感情就像蜜里调油，越来越好，好到老公有时都有点眼红，甚至还会带着醋意自嘲："小敏啊，要是你闺蜜性别男，我估计要成下堂夫了。"

"人的生活离不开友谊，但要得到真正的友谊才是不容易；友谊总需要用忠诚去播种，用热情去灌溉，用原则去培养，用谅解去护理。"伟大的哲学家马克思如是说。

一个常年不与朋友联系的人，谈不上有多热情，很多友情就在不闻不问中变淡了。你以为不联系朋友，是对朋友的不打扰，你以为不麻烦朋友，是在小心翼翼地维持友谊，可实际上，你是在与朋友渐行渐远，你是在亲手摧毁这段友情。

如果朋友还没走远，趁现在还来得及，赶紧给朋友打个电话吧！

有些爱，是需要表达出来的

> 爱需要表达，麻烦是表达的形式。

看外国电影的时候，我经常会感叹外国人在感情表达上的直接和热烈，丈夫上班前会在家门口给妻子一个道别吻，下班回来放下公文包，第一件事就是将妻子拥在怀里，即使是出门散个步，夫妻俩也会十指紧扣，紧紧地依偎在一起。

父母跟子女间的感情互动也特别频繁，"我爱你"三个字更是常常挂在嘴边，朋友之间见面也很热情，互相拥抱，贴脸亲吻是常见的画面。

相比之下，中国人的情感表达实在是太含蓄、太内敛，明明胸腔中涌动着一股深沉的爱意，却连一个简简单单的"爱"字都说不出口。

你知道我爱你就行了，干吗非要我说出口呢？这是很多人根深蒂固的想法。他们认为，爱到深处是无言，但实际上，爱最怕沉默。

一个月前，一个名叫小洁的年轻女读者给我发来一封邮件，她在邮件中向我求助，说她和男朋友吵架了，感情濒临破裂，希望我能给她一点中肯的建议。

我仔细看了她的邮件，发现她与男友的感情还是很深厚的，两个人之所以吵架，是因为她总是"爱在心口难开"，很多事情宁愿去麻烦别人，也不肯开口找自己的男友帮忙。

就拿他俩最近一次吵架来说吧，起因是小洁的手机坏了，她向自己的一位男性朋友求助。男友知道后特别生气，他对小洁说："你手机坏了，为什么不找我？"

小洁无奈地解释说："我看你最近工作挺忙的，不想麻烦你嘛！"

这确实是小洁的心里话，她很爱男友，不想给男友添麻烦，所以才没找男友帮忙。可男友却认为小洁不爱他，他对小洁说："你有需要的时候，宁愿找别人，也不愿找我，你说你是爱我，但不好意思，我感觉不到。"

两个人就这样闹掰了。男友连续一个礼拜没有联系小洁，小洁很恐慌，她不想失去男友，但又不知道该怎么办，于是问我。

从她的言辞中，我能感觉到她心中的委屈，谁被心爱的人误会都会难受，所以我很理解她，但同时，我也觉得她的男友并没有说错。

因为爱就像水一样，需要流动，流动的爱才有活力。

法国著名诗人彭沙尔说过："爱别人，也被别人爱，这就是一切，这就是宇宙的法则。为了爱，我们才存在。有爱慰藉的人，无惧任何事物，任何人。"

爱是如此珍贵！我们爱一个人，不能只把这份爱放在心里，而要适时地将它表达出来，让它像水一样自由流淌，直到它被我们所爱的人看到，听到，感受到。

小洁虽然爱男友，但她的爱太隐秘，就像被乌云遮挡的明月，男友根本看不到，感受不到。所以，我对小洁的建议是，拨开乌云，勇敢地将自己皎洁如明月般的深爱表达出来。

要相信，爱你的人永远不会觉得你麻烦，麻烦往往是爱的象征，麻烦的潜台词就是：亲爱的，我爱你，我没有你不行。因此，你要是爱一个人，就必须勇于表达，舍得麻烦他，让他知道你爱他，你需要他，你们之间的感情非同一般。

香港女作家张小娴在小说《荷包里的单人床》中写道："世上最遥远的距离，不是生与死的距离，不是天各一方，而是我就站在你面前，你却不知道我爱你。"

有些爱，是需要表达出来的，你不说，别人又怎么知道呢？

前段时间参加高中同学聚会，一进饭店，我就看到一个长发飘飘的美女在朝我招手。走近一看，才发现是当年的同桌雷彤彤。

这么多年过去了，她还跟以前读书时那样热情活泼，嘴角永远荡漾着一朵笑花，看着你的眼神那叫一个全神贯注，好像你是她最在乎的人。

记得当年她特别喜欢麻烦我，凡是功课上的问题她没弄懂，都会第一时间找我；平时考试忘带钢笔、橡皮擦，她也会毫不犹豫地向我求助。

这种事情发生的次数多了，有些同学就看不过去了，觉得她是个麻烦精，纷纷劝我不要理她。可每次她向我开口，我还是忍不住说好，基本上是有求必应。

反正，我就是不讨厌她，不觉得她的麻烦是自私，是在故意占我便宜。相反，我觉得她是因为喜欢我，信任我，才会一而再再而三地麻烦我。

当我还沉浸在回忆中时，雷彤彤已经走到我身边，亲密地挽着我的手臂说："你在想什么呢，那么入神？好多年没看见你，我真想你啊！"

说完，她就把头往我肩膀上靠，举止如此亲昵，满满的安全感溢出来，仿佛我是她的亲姐姐，一点也不担心我会把她推开。

那一刻，我们好像又回到了学生时代，她总是找我帮忙，我却乐得被她麻烦。我突然想起辛弃疾的那首《村居》，里面有几句诗特别打动人："大儿锄豆溪东，中儿正织鸡笼。最喜小儿亡赖，溪头卧剥莲蓬。"

三个儿子中，小儿子最懒，只知道玩耍，却最得父母喜欢。人生真是有意思，有些人爱在心口难开，拼命为别人着想，不去麻烦别人，反而不得人心，而有些人什么事情都不用做，处处麻烦别人，最后得到的宠爱反倒是最多的。

是的，雷彤彤之于我，就像《村居》中的小儿之于父母。

我喜欢她，心甘情愿帮助她，是因为她也喜欢我，更准确地说，是因为她把她对我的喜欢表达出来了。当然，她所采用的表达方式不是付出，而是获得，不是给予，而是索取。

我喜欢这种独特的表达方式，我听到了她的心里话，她很喜欢我，也很信任我，所以，她才选择麻烦我，向我求助，找我帮忙。

这是我的荣幸，也是我的福气。

曾在朋友圈看过这样一个段子："当孩子不麻烦你的时候，可能已经长大成人了；当父母不麻烦你的时候，可能已经去世了；当爱人不麻烦你的时候，可能已经麻烦别人去了；当朋友不麻烦你的时候，可能已经不再把你当成朋友了。"

爱需要表达，麻烦是表达爱的形式。当我们发自内心爱一个人，我们遇到问题才会想去麻烦他，不爱一个人，我们就会闭口不言，默默走开。

希望所有人都能早点明白这个道理，不要把爱的明月藏起来，爱一个人，你就要让对方看见你心中的明月。

我们通过"互相麻烦"
靠近彼此

对"麻烦"持有偏见，认为开口求助就是
"矮化"自己，于是很多人迟迟不愿开口求助。
还有更多的人害怕被拒绝，不敢尝试一把。
到头来问题并没有被解决，困难还在，
你却更加封闭自己。

你缺的东西，别人身上都有

> 人生处处有可借之力，我们所缺的任何东西，别人身上都有。

　　一个月前，我们在一个读书群里交流最近的读书心得，一个新进来的群友礼貌地跟所有人打了一声招呼，为了表示欢迎，我也给他发了一个微笑的表情。

　　正当我们准备继续之前的话题时，这位群友突然问道："群主，我学历很低，没什么文化知识，但是我很想多读点书，你可以给我推荐几本好书吗？"

　　推荐好书？没问题，这可是我最喜欢干的事情。群里的人都知道，我有一份很长的读书清单，经常不等别人开口问我要，我就迫不及待地到处献宝。

　　所以，这位群友的问题正中我下怀，我连忙把读书清单发给了他。他收到清单后非常高兴，不停地对我道谢。

后来，他又问了我好几个文学方面的问题，凡是我知道，能回答的，我都一一告诉他了。

说实话，我很喜欢他这种不懂就问，善于借力的人，而且，他求助的态度也非常诚恳，既没有傲慢无礼，也没有自卑胆怯，给人的感觉十分舒服。

我有一种直觉，虽然他现在的起点不高，但日后一定能鹏程万里。

生活中，我曾听过很多人抱怨，说自己条件差，资源少，什么事情都干不成。但是，这又能怪谁呢？谁也怪不了，只能怪他们自己，平时只知道闭门造车，有什么不懂的，不会去问别人，有什么难处，也不向别人求助。

没有人能坐拥世上所有成事的资源，就连聪明绝顶的诸葛亮，也要草船借箭，我们普通人想把事情做好，一样离不开别人的帮助。

不知道你有没有听过唐代诗人贾岛"推敲"的故事。

有一天，贾岛骑着毛驴外出，突然诗兴大发，想起前日拜访李凝的事儿，便作起诗来，其中有两句是："鸟宿池边树，僧推月下门。"

他反反复复地吟诵这两句诗，心想，如果把这后半句的"推"字改成"敲"字，似乎更生动一点。一时间，他举棋不定。

为了能够尽快地做出选择，他一边在驴背上反复吟咏这句诗，一边伸出手来，一会儿扣紧双指做"敲"的手势，一会儿摊开手掌做推状。旁边的人看到他这副模样都很吃惊，对他指指点点，但他却不为所动，完全沉浸在思考之中。

演练了好半天，他还是无法决定到底用哪个字好，这让他烦躁不已。

就在此时，京兆尹韩愈正带着车马出巡。按当时的规定，官员来了，行人都要让路，可贾岛因为太过沉迷于对"推敲"二字的琢磨，竟不知不觉地撞到韩愈的仪仗队里。

公差立刻把他从驴背上拽下来，推到韩愈的跟前。韩愈看他一副书生相，便问他刚才在驴背上比画些什么。

贾岛便把作诗的事讲了出来，韩愈听后非但没有责怪他，反而帮他一起斟酌。最后，他对贾岛说："还是用'敲'字好，'敲'字显得僧人更有礼貌，并衬托出夜的宁静，起到以动衬静的作用。"

韩愈的这番解释，让贾岛茅塞顿开，他决定此句中就用"敲"字。随即，两人并排骑着马、驴而行，一同讨论作诗的方法，许久都不舍得离开。

人生处处有可借之力，我们所缺的任何东西，别人身上都有。贾岛正是借助了韩愈的思维，所以才成就了这一首意境高远，传诵千古的名诗。

没有风的帮助，风筝上不了天，帆船出不了海，所以，聪明的人永远不会抱怨自己条件差，资源少，他们只会"好风凭借力，送我上青天"。

是的，只要你愿意开口，向别人寻求帮助，我相信现实生活中很多人都是韩愈那样热心肠的人，一点也不介意和你分享他们的智慧和资源。

美国商界大鳄洛克菲勒曾在信中鼓励儿子："我所熟悉的或认识的富翁中间，只靠自己一点一滴、日积月累挣钱发达的人少之又少，都是因借钱而发财的。这其中的道理并不深奥，一块钱的买卖永远比不上一百块钱的赚得多。"台湾巨富陈永泰也说过："聪明的人都是通过别人的力量去达成自己的目标。"

这两位商界巨擘的话都指向一个真理：在这个世界上，人人都有自己的梦想和追求，然而，仅凭一己之力是很难打下江山的，为了将梦想和追求尽快变为现实，每个人都需要主动寻找生命中的贵人。

只要有贵人帮忙，你就有如神助，别人要花一个月的时间才能做到的事情，你或许只需要花一半的时间甚至是更少的时间。如此一来，你活得岂不是更轻松，更省力，你的人生岂不是比一般人更接近成功？

以前看过一个小故事：

有个年轻人，抓了一只老鼠，卖给药铺得到了一枚铜钱。路过花园时听到花匠们说口渴，他便用这枚铜钱买了一点糖浆，兑水后送给花匠们喝。花匠们喝了糖水后很感谢他，便一人送他一束花。他到集市卖掉这些花，又得到了八枚铜钱。

有一天，风雨交加，果园里到处都是被狂风吹落的枯枝败叶。年轻人看到后对园丁说："如果你把这些断枝败叶送给我，我愿意把果园打扫干净。"

园丁乐呵呵地答应了。于是，年轻人用八枚铜钱买了一些糖果，分给一群玩耍的小孩，小孩们帮他把所有的残枝败叶捡拾一空。紧接着，年轻人又去找皇家厨工，说有一堆柴想卖给他们，厨工付了十六枚铜钱买走了这堆柴火。

很快，年轻人就用十六枚铜钱摆了一个茶水摊，因为附近有五百个割草工人要喝水。不久，他又认识了一个路过喝水的商人，商人告诉他："明天有个马贩子带四百匹马进城。"

听了商人的话，年轻人想了一会儿，对割草工人说："今天我不收钱了，请你们每人给我一捆草，行吗？"工人们很慷慨地说："行啊！"这样，年轻人有了五百捆草。第二天，马贩子来了，要买饲料，便出了一千枚铜钱买下了年轻人的五百捆草。

几年后，年轻人成了远近闻名的大财主。

这个故事给我的启发很大，此后我更加认定一个道理：人际关系的本质就是一场交换，一个人要成大事，除了自己给力外，还要懂得借力。

荀子在《劝学》中写道："假舆马者，非利足也，而致千里；假舟楫者，非能水也，而绝江河。君子生非异也，善假于物也。"

借助车马的人，并非走得快，却可以行千里路；借助船只的人，并非会游泳，却可以横渡江河。君子的本性同一般人没有什么差别，只是他们善于借助外物。

没错，在缺少资源时，开口向别人求助，借用他人的力量，是走向成功的捷径。所以，与其一个人困在家里，什么事都做不成，不如走出去看看，谁身上有你需要的东西。只要你拿到了想要的资源，你脚下的路就不再漫长，抬起头你就能看到胜利的曙光。

懂得示弱的你，才是真正的强者

> 地低成海，人低成王。

看过周星驰和刘嘉玲主演的电影《大内密探零零发》吗？

在这部电影中，周星驰饰演主角阿发，刘嘉玲饰演阿发的老婆，也就是发嫂，在片中角色的名字也叫刘嘉玲。

这位发嫂的性格很有意思，每次阿发跟她有争执，她都不会认真地跟他吵，总是剑走偏锋，用一些很滑稽的话糊弄过去，搞得阿发很无语，有种秀才遇到兵有理说不清的感觉，又像是一拳打在棉花上，只好偃旗息鼓，草草收兵。

有一次，阿发叫她给自己抓痒，她抓了半天都抓不到地方，阿发抱怨她笨，可她一点也不生气，只是嬉皮笑脸地说："我不笨，怎么显得你聪明呀？"

当然，两个人有时候也会吵架，可她每次闹离家出走，最后总会被阿发找到。为此，她还觉得很纳闷："你怎么会知道我每次都躲在桌下面？"

阿发听了很无奈，翻着白眼说："你每次都躲在桌下面啊，我有什么办法能够不知道你躲在桌下面呢？拜托你用点脑子想一想，再找几个新的地方来躲，好让我有点新鲜感，好吧？"

"可是我不躲在桌下面，我怕你找不到我嘛！"发嫂理直气壮地回道。

阿发骂她骂得厉害，她感到很难受，幽幽地说："唉！我只是一个血肉之躯，你每次都这样骂我，我不知道哪天我忍不下去了。"

"忍不下去你就走呀！"阿发毫不在乎地说。

可她又顾左右而言他："我去洗澡了。"

"我叫你走呀！"阿发提高嗓门再次喊道。

这次该走了吧？还是没走。她认真地看着阿发，仿佛啥事都没发生过："你会不会肚子饿呀？我下碗面给你吃。"

阿发被彻底打败了，只好作罢。

"发嫂怎么这么软弱啊？要是我老公敢这么对我说话，我非跟他干一架不可，大不了离婚，谁怕谁啊！"这是一位朋友看完电影后的原话。在婚姻中，我的这位朋友是一个非常强势、爱面子的人，老公凡事都必须顺着她，说话嗓门稍微大一点都不行。

以我朋友这样的性格，自然看发嫂不顺眼，觉得她很没骨气，给女性丢脸。可阿发跟发嫂过得很幸福啊，两个人的感情也很深。反观我朋友，表面上看她好像占据着优势，牢牢地掌握着夫妻关系的主动权，但实际上，她所管辖的"臣子"早已对她心生不满，私底下到处跟别人诉苦，说她是一只母老虎。

没有人甘愿被长期压制，很快，他们的婚姻就硝烟四起，亲朋好友纷纷劝她在老公面前收敛点，可她偏不，依旧把姿态摆得很高，丝毫不肯示弱。

直到有一天，老公甩给她一份离婚协议，她才慌了，哭倒在地。

生活中，很多人跟我朋友一样，把示弱当成软弱，把逞能当成强大，结果在人际关系中吃尽了苦头，到头来后悔不迭。

地低成海，人低成王。一个懂得示弱的人，才是真正意义上的强者。

当你不害怕向别人袒露自己脆弱的一面，当你不介意在别人面前放低自己的身段，当你深陷困境，鼓起勇气开口向别人求助，你就会毫不费力地得到别人发自真心的安慰、接纳和帮助。

心理学家李雪说过："有亲密，有爱的流动，一切都是对的；相反，若没有情感在流动，即使成为世界上最正确的人，那也是可悲的僵尸一具。"

是啊，高处不胜寒。总是站在最强高地的人，无法跟任何人建立亲密关系，因为对别人来说，他太刚强，太坚硬，太倨傲，谁靠近他，都有可能被扎成刺猬。

认识宋姐，是在一次公益活动上。宋姐一看就是那种手里有闲钱，胸中有丘壑的人。她妆容精致，穿着考究，讲话轻声细语，不急不慢，让人如沐春风。

和她聊天，我才知道她跟我一样，是农村出来的姑娘。宋姐跟我说，她小时候日子过得很苦，背负着父母的期待，所以一度性格很要强，万事不求人。

"后来呢？是什么改变了你？"我很想知道她背后的故事，因为她现在整个人看起来特别圆润、柔软，一点也不尖锐，不像是那种死撑到底，绝不示弱的人。

宋姐笑着说："还能有什么，生活遇到了困境呗，逼得我不得不低下高傲的头颅。"

原来，很多年前，宋姐经商失败，资金无法周转，又逢父亲生病住院，急需用钱。无奈之下，她只好硬着头皮向亲戚、朋友借钱，最后才顺利渡过难关。

宋姐告诉我，那是她第一次体会到示弱的威力。

她不敢想象，如果自己一直死挺，不肯放低姿态向别人求助，现在的她会落魄到什么境地，她的父亲是否还能健康地活在这个世界上。

人生艰难，谁都有跌落谷底，陷入困境的时候，谁都需要别人的帮助和扶持，所以，真正热爱生活，具备领导思维的人，绝不会跟自己过不去，他们会毫不犹豫地选择示弱，将自己凹成一个低地，好让来自别人的救助之水源源不断地流进来。

宋姐就是这么做的，那次的经历让她感慨万千，终生难忘："只有弱者才会逞强，只有强者才懂示弱。"说这句话的时候，我看到她的眼睛里闪烁着泪花。

每个人都有自己的强处和弱处，越是内心强大的人，对自我的认知越是清晰，知道自己哪里强，也知道自己哪里弱。强的地方，无须去证明；弱的地方，也不介意被人看到。

而内心很弱的人，则对自己的认知很模糊，严重缺乏自信，所以他们需要不停地证明自己强。为了显示自己的实力，他们会在不恰当的时机去逞强，只要能维护自己的完美形象，甚至不惜付出任何代价。

很傻对不对？

金无足赤，人无完人，一个虚假的完美形象，真的不值得我们牺牲自己的轻松和快乐。当我们需要别人的帮助时，一味地硬挺和死扛，都是愚蠢的做法，是弱者的表现，如果我们内心足够强大，就能自由切换求助者和帮助者的身份。

谨记，谨记。

面子没有那么重要，重要的是解决问题

> 里子都没有了，面子又该往哪里寄放呢？

对很多人来说，面子跟吃饭、喝水、睡觉一样重要，有的人甚至觉得面子大过天，没什么都不能没面子，"死要面子活受罪"说的就是这种人。

记得以前看过一个小品，叫《有事您说话》，其中喜剧演员郭冬临饰演的小郭特别爱面子，不管谁找他帮忙，他都胸脯拍得咚咚响，随口就是一句"没问题！"

更夸张的是，有时别人还没开口，他就主动贴上去，殷勤地说"有事您说话！"

真有意思，从来只听过求人办事的，还没听过求着给人办事的！有便宜不捡，那是大傻子，所以，让小郭帮忙的人一个接一个，从来没停过。

有一回，单位老牛让小郭帮他买卧铺票，小郭照例打肿脸充胖子，答应了下来。冬夜里，他扛着铺盖就出门了，前面排着长队，好不容易等到他了，售票员又跟他说没票了。

怎么办？小郭两眼发黑，买不到票，老牛肯定说他无能。思前想后了半天，小郭忍痛自掏腰包，搭进去两百块钱，最后买了两张高价票。

小郭垂头丧气地回到家，不一会儿，老牛就上门来取票了。拿到票后，老牛不停地跟小郭道谢。结果，小郭强装豪气，说自己没费啥工夫，只不过跟一哥们儿打了个电话，对方一大早就送来五张卧铺票，剩下多余的三张让他给退回去了。

话音刚落，老牛眼睛发亮，连忙说："哎呀，我又添了三个人，刚好要五张票。"小郭一听，自知说错了话，急得转过身去拿手抽自己的嘴。

老牛担心地问："那三张票有问题吗？"小郭骑虎难下，只好硬撑着说："没问题。"

事情到这儿也该结束了，可小郭跟中邪了似的停不下来，他又自找麻烦，大声问老牛："那三张票也要下铺吧？"

老牛自然高兴得直点头："太好啦，下铺！下铺！"又说错话了，小郭只好又拿手抽自己的嘴。

在小郭的身上，你是否看到了自己的影子？我们那么在乎面子，一次又一次地忽视自己的真实感受，到头来，面子是好看了，可心却疼了。

把面子看得太重要的人，为人处事往往很不实际，他们并不清楚自己想要什么，遇到事情也从来不去解决问题，只想着别人会怎么看自己，怎么说自己。

他们活在别人的看法和评价里，生怕别人对自己有意见，不满意，这就导致他们像小品中的小郭一样，碍于面子，不敢对别人的请求说"不"，同时，他们在遇到困难时，也拉不下脸向别人寻求帮助。

香港首富李嘉诚说过这么一段话："当你放下面子赚钱的时候，说明你已经懂事了；当你用钱赚回面子的时候，说明你已经成功了；当你用面子可以赚钱的时候，说明你已经是人物了；当你还停留在那里喝酒、吹牛，啥也不懂还装懂，只爱所谓的面子的时候，说明你这辈子也就这样了。"

可见，做人还是实际一点好！

人的一生会遇到很多棘手的问题，就在你以为日子风平浪静，从此可以高枕无忧时，生活总会出现各种意外，杀你一个措手不及。

这个时候，太要面子的人，往往会选择死撑到底，傻乎乎地任由生活蹂躏，他们宁愿自己伤筋动骨，也不愿意麻烦别人；足够理智的人则恰恰相反,他们头脑清醒,行动务实,只想花费最少的时间和精力成本解决问题,所以,面子这种不值钱的东西能丢就丢,第一时间找到有力的外援才是当下最要紧的事儿。

上个周末,朋友程梅给我打电话,声音干涩沙哑,鼻音很重,好像刚刚哭过。

我连忙问她怎么了,哪知她在电话那头号啕大哭,边哭边跟我说:"我跟老公吵架了,他说要么把孩子送到乡下,要么把婆婆接过来带小孩,可我不愿意。"

我知道,程梅之前跟她婆婆闹过很多次矛盾,爱面子的她最恨的就是在婆婆面前低头,就连生孩子坐月子,她都没让婆婆帮忙,硬是一个人撑过来的。

最近,她和老公用所有的积蓄付了首付,买了一套房,总算有属于自己的小家了,终于在这个城市扎根了,但每个月雷打不动要还三千多的房贷,加上整个家庭的开支,老公明显支撑不住了,她也必须出去上班赚钱。

那谁来帮忙带小孩呢?这是困扰他们夫妻俩的问题。

我问程梅:"面子重要,还是孩子、老公和房子重要?"

"当然是孩子、老公和房子重要。"程梅认真地说。

其实,这个道理她明白,只是在做出选择前,我们每个人都想象征性地挣扎几下，好像只要挣扎几下，所有困扰自己的难题就都能消失不见，自己也就不用丢掉面子，厚着脸皮，低声下气地找别人帮忙。

响鼓不用重槌，我相信程梅最终还是会做出最有利于自己的选择的。

果然，一个礼拜后，她笑嘻嘻地告诉我，她跟婆婆道歉了，老人家到底还是心软，心疼大孙子，不仅没有刁难她，给她脸色看，还答应帮她带小孩。

现在，他们一家人其乐融融，家里每天都充满欢声笑语。程梅还打算把公公从老家接过来，免得他一个人在家寂寞，又无人照应。

"人活一张脸，树活一张皮"，这是很多爱面子的人，经常给自己找的理由，很显然，他们没有听过另一句话——皮之不存，毛将焉附？太爱面子，最终连里子都会输掉，而里子都没有了，面子又该往哪里寄放呢？

心理学家武志红在一次访谈中说："如果你真的有了自我价值感、存在感，你就有了'里子'，也就不会再过多地执着于面子。"

是的，我们太要面子，是因为里子太薄，不把里子增厚，再有面子也是枉然。

对认真生活的人来说，面子不能当饭吃，遇到问题，还是专注于解决问题比较实际。至于面子，就暂时把它扔到一边吧，事后再捡起来也不迟。你说呢？

你认为是麻烦，别人可不这么看

> 你的"麻烦"或许正是对方此刻需要的互动。

某天无聊，把《奇葩说》翻出来看，有一期的辩题是：不给别人添麻烦，是不是一种美德？经正反双方选手辩论，现场观众中的大部分人都把票投给了正方。

而我的想法是，对于那些生性就不爱给别人添麻烦，总是一个人解决问题的人来说，这并不是一种美德，反而是一种心理疾病——低自尊，低价值感。

曾在网上看过一个故事：

有位老师得了癌症，为了治病，他几乎花掉了所有的积蓄。他的学生想要捐助他，他却拒绝了，宁愿自己拖着病躯去赚钱。在生命垂危时，他才肯接受一些捐助，但只要身体好转一点，他又开始拒绝别人的帮助。

对此，很多人都表示不理解，在这个世界上，怎么会有这样的人呢？在麻烦别人跟牺牲自己之间，他竟然选择了后者，难道自己的命就那么不值钱吗？

这就是一种低自尊，低价值感的表现。

其实，在我们身边，很多人都患有这种"心理疾病"，只是程度不一。仔细观察你就会发现，在人际交往中，这类人的眼神是躲闪的，肢体语言也很僵硬，一点也不自然，不流畅，不放松，生怕自己打扰了别人，给别人添了麻烦。

但别人真的会觉得他们是麻烦吗？不一定。

反倒是他们那种怕给别人添麻烦的畏畏缩缩的样子，经常惹得别人不愉快，有时甚至还会诱发别人的暴力行为。

从心理学的角度来说，你怎么对待自己，别人就会怎么对待你。

所以，如果你觉得自己是一个低价值的人，不配得到别人的帮助，那久而久之，别人就真的很有可能不把你当一回事儿。

不要给别人这样的机会，你值得被这个世界温柔对待。

另外，你不妨这样告诉自己，这个世界的底色终究是友善的、温暖的，那些你好不容易说出口的请求，只要是别人能做到的，他们都会不遗余力地帮助你。

前一阵，正好碰上喜欢的淘宝店搞活动，我一下子下了好几个订单，原本时间掐得很准，快递送到的时候，我一定在家里恭候。

可人算不如天算，一个好朋友结婚，邀请我去参加她的婚礼，偏偏她还住在离我很远的一个城市，我来回一趟起码要花上三四天。

一时间，我想了两个对策，要么延迟收货，要么拜托隔壁的邻居帮我签收一下。这要是换成以前，我肯定毫不犹豫地选择前者，毕竟我很不爱给别人添麻烦。可现在，我的想法改变了，我觉得自己或许可以先问一下对方。

没想到，我刚一开口，邻居就爽快地答应了。

事情解决得也太快了吧！我有些不敢置信，仔细看了看邻居的神色，发现真的一丝勉强都没有。看来，他完全没把这件事情当成麻烦。

于是，我长吁一口气，一直提着的心也悄悄地归位了。

你看，我们不是别人，并不知道别人是怎么想的，那些我们一口断定的麻烦，在别人眼里很有可能只是小事一桩，连眉头都不会皱一下。

原来，麻烦不麻烦，我们说了不算，别人说了才算。

从今往后，不要轻易地替别人下判断好吗？把判断权和决定权交还给别人，才是一个头脑聪明、心智成熟的人该干的事儿。

有一次我在微博上无意中看到马克思写给恩格斯的信件摘抄，全部的内容可以总结为简单的四个字——给我打钱！

1855年5月18日："我的妻子昨天晚上病倒了。……你如果能寄点钱来，那就太好了，数目极小也行。"

1856 年 5 月 23 日："我碰到一个难题，现在是去旅行还是不去。一方面，为了弄到钱，我必须埋头工作；另一方面，医生告诉我，而且我觉得他是对的，我应当出去旅行，换换空气，因为我的肝脏功能又不正常。我还没有决定怎么办，待在这里并不少花钱……"

1856 年 9 月 26 日："首先应当告诉你钱已经收到，谢谢。我本来昨天就应当给你去信，但是搬家的事情实在把我们弄得手忙脚乱。同时，星期一前能否搬家还是问题，因为你寄来的钱加上在当铺里典当来的钱还未凑够必需的款数。"

1857 年 12 月 2 日："最后，我必须再向你提出一个困难的问题，12 月底我要付一大笔钱。到时候你能不能给我想点法子，我妻子的钱大部分都用在购置日常用具和弥补收入的巨大亏空上面了。"

1857 年 12 月 22 日："如果你这个星期五还能寄钱来，我将非常感激。"

1858 年 3 月 29 日："我又生重病，已经两个星期了，现在开始服治疗肝病的药，夜间不断工作和白天家庭经济状况引起的很多细小烦恼使得我最近常发病。"

1859 年 1 月 21 日："倒霉的手稿写完了，但不能寄走，因为身边一分钱也没有，付不起邮资和保险金，而保险又是必须要的，因为我没有手稿的副本。所以我又不得不请你在星期一寄点钱来，如果你能寄两英镑，那就好了。"

......

可以看到，在这短短的五年间，马克思就明着、暗着找恩格斯要了好几次钱，而恩格斯几乎每次都答应了他的请求。

从始至终，恩格斯都没有把马克思对他的请求当成麻烦，相反，他非常乐意帮助马克思。你可能不知道，为了能在物质上帮到马克思，恩格斯甚至放弃了自己喜欢的政治活动和科学研究，转而跑去经商，并咬牙坚持了下来。

钱锺书在《围城》里讲道："男人肯买糖、衣料、化妆品送给女人，而对于书只肯借给她，不买了送她，女人也不要他送。这是什么道理？借了要还的，一借一还，一本书可以做两次接触的借口，而且不着痕迹。这是男女恋爱必然的结果，一借书，问题就大了。"

其实，不只是爱情，很多关系都是在你来我往中加深的。马克思和恩格斯就是一个典型的例子。有人说他们之间的友情就像中国春秋时的管鲍之交，这个比喻实在是太贴切了。可见，麻烦别人，是拉近彼此距离，加深彼此感情的起点。

人与人之间，从陌生到熟悉，再由熟悉到亲密，都要踏过"麻烦"这座桥梁，所以，不要害怕麻烦别人，要知道，你的"麻烦"或许正是对方此刻需要的互动。

开口求助，不是一件羞耻的事情

> 遇到困难无法解决，尽早求助才是利己利人的上上策。

有天，我跟朋友小C出去逛街，她脸色苍白，眉头紧锁，还带着两个厚重的黑眼圈，对平时喜欢逛的服装店看都不看一眼，我便问她，最近是不是有烦心事。

她重重地叹了一口气，一脸苦闷地说："一个月前，我换了一份新工作，本以为自己能轻松胜任，没想到做起来那么吃力，很多东西不懂，很多东西不会，我好焦虑啊，饭也吃不香，觉也睡不好。"

看她一副无精打采的样子，我知道这次逛街肯定没啥成果，于是干脆不逛了，拉她一起到附近的一个咖啡馆坐着聊天。

我对她说，工作遇到困难不要紧，现在学习的渠道有很多，只要肯花时间，一样能自学成才，实在不行，还可以问身边的同事呀。

小C半天没吭声，过了一会儿才面露难色说："其实，刚进这家新公司时，同事就跟我说过，有什么问题随时可以问他们，可我就是不好意思。"

向别人求助会不好意思，是正常的心理，因为我们都担心会给别人添麻烦，但过度的不好意思就不太正常了，那是内心的"羞耻感"在作祟。

小C潜意识里觉得向人求助是一件很羞耻的事情，所以，她不敢开口，不愿开口，哪怕同事很早就表明了随时都愿意帮她的态度。

我问小C："你很害怕别人知道自己工作技能和相关知识欠缺是吗？"

小C点点头说："是的，我不想被别人看轻，要是他们知道我这也不懂，那也不会，肯定会在背地里嘲笑我，说我没什么真本事。"

现在的小C像极了以前的我，遇到困难从来都不找人帮忙，甚至还不愿意让别人知道自己正处于困境中。我希望别人一想到我，脑海中浮现的画面是优雅的、体面的、无所不能的，而不是狼狈的、落魄的、需要帮助的。

但是，在充满各种变故的生活面前，谁又能一直保持优雅体面的姿态呢？我们总会遇到一个人解决不了的难题，独自强撑只会让日子越来越难过，同时还有可能给别人造成种种困扰，最后影响到自己的人际关系。

　　记得有一次，出版社邀我写一本书，当时我正处于写作瓶颈期，经常枯坐一整天，却一个字也写不出来。

　　一个月后，负责我那本书的编辑一再地问我："写得怎么样了，还顺利吗？如果你需要帮助，一定要及时跟我说哦！"

　　人家话都说到这份儿上了，可我还在那儿矜持，装淡定，"没事，没事，写得挺顺利的，不需要你帮忙。你放心啊，我一定能按时交稿。"

　　时间一天天地过去，我还是一个字没写。等到编辑再次催稿时，我实在拖不下去了，只好向对方坦白，说自己状态不行，一个字也没写。

　　编辑当然很生气，"上次问你需不需要帮助，你说不需要，现在你又告诉我，你一个字也没写，你这不是在耽误咱俩的时间吗？"

　　我感到很内疚，不停地跟他道歉："对不起，对不起。"

　　可我心里知道，说再多的对不起，也弥补不了他的损失。

　　那一次的经历真是让我百感交集，我以为不找别人帮忙就能成功回避羞耻感，没想到，羞耻感像滚雪球一样越滚越大。

　　最后，羞耻感和愧疚感携手对我进行双重暴击，把我的头揍得跟猪头一样。一瞬间，我想象中的体面、优雅和无所不能都碎成了渣。

　　从那以后，我再也没有干过这种傻事了，我在心里暗暗地告诉自己：开口求助，并不是一件羞耻的事情，遇到困难无法解决，尽早求助才是利己利人的上上策。

对于找别人帮忙，很多人都曾陷入一种极为严重的焦虑感中，觉得跟别人距离太近，自己的缺点和无知会大面积地暴露，担心一旦别人知道自己的真实能力不过如此，就会嘲笑和讽刺自己，而自己的形象也会因此彻底崩塌。

其实，这种焦虑和担忧都是毫无必要的，站在心理学的角度来看，这种焦虑和担忧近似于"被迫害妄想症"，是当事人自己在树立假想敌。

归根结底，是我们不能接受一个对别人有需求的自己，我们为这样的自己感到羞耻，无地自容，所以就把这种鄙视和厌恶投射到他人身上去了。

事实上，别人根本不会嘲笑我们，鄙视我们，厌恶我们，所有的一切，都是我们自导自演的独角戏，别人完全不知情。

当然，也许有人会反驳我，说自己在开口求助时曾遭遇对方的讥讽，可我想说，真正素质高的人，是不会这么对待求助者的。如果他真的表现出一副看不起你的样子，那只能说明他很"Low"，真正要感到羞耻的是他，你不用不好意思。

朋友萧寒之前遇到过一个特别让人讨厌的老板，这个老板跟下属说话很不客气，总是话中带刺，而且特别喜欢往自己脸上贴金。

公司里的同事都被他气到过，可谁也拿他没办法，唯独萧寒把他吃得死死的。

萧寒是怎么对付他的呢？

有一阵，萧寒特别想吃泡面，所以每天中午都会来一桶，结果被老板看见了，他讥讽萧寒人如其名，过得真寒酸。这就算了，他还在萧寒面前不断地显摆自己手上的金表，那洋洋得意的神态，用萧寒的话说"活像一个暴发户"。

萧寒笑着对他说："老板，你真有钱，要不你借几千块钱给我这个寒酸鬼花花？相信这点小钱对你来说只是九牛一毛，你不会拒绝我吧？"

老板傻眼了，他没想到萧寒来这么一出，借还是不借呢？不借，那不就显得自己小气吗？只好借了。萧寒也不推辞，简单道了一声谢后，便大大方方地收了。

为了自己的钱包着想，老板再也没在萧寒面前瞎嘚瑟过。

你看，你越是坦坦荡荡，越是无所畏惧，越是敢于将自己的不足和缺点示众，那些靠嘲笑、打压人为乐的人，越是抓不到你的把柄，也越是踩不到你的痛点。

所以，不管求助的对象是谁，也不管对方的态度是友善还是粗暴，你都不必感到羞耻，不卑不亢，落落大方，才是正确的打开方式。

不试一试，你怎么知道行不行呢

> 命运总是偏爱主动的人。

　　上周末遇见一位老同学，我们寒暄了一会儿，了解了一下彼此的近况，他在一家效益不太好的公司上班，最近一直犹豫着要不要辞职换一家公司。

　　我对他说："这还要考虑吗？肯定要换呀，主动辞职总比被动失业好。"

　　"我也是这么想的，可现在工作不好找啊，我怕辞了这家，又找不到合适的下家。"他还是有些发愁，一连叹了好几口气。

　　看他这么担忧，我建议他除了投递简历外，最好多问问身边的朋友，说不定别人那儿刚好有一份合适的工作，又或是别人能帮他引荐一些重要人物。

　　过了几天，老同学在微信上跟我说，他在一个工作群中认识了一家大公司的HR，可对方在群里表现得很高冷，不喜欢回答别人的问题，有一次直接对向他请教的人说："这个问题我不想回答，你自己去查一下百度好吗？"

原本，老同学还想向这位HR推荐一下自己，但看对方这么高冷，他又开始打退堂鼓了。他沮丧地对我说："我还是不问了，结果肯定是不行的。"

人哪，总是习惯自我设限，一件事情还没有去尝试，就提前预设自己的失败。

就拿我这位老同学来说吧，他宁愿在脑子里想来想去，不断地猜测别人的答案，也不愿意主动一点，直接开口去问。

他消极地认为，别人最后给出的答案一定是"不"，但这只是他个人的主观猜测，真实情况是，别人可能说"不"，也可能说"好"，说"不"和说"好"的概率各占50%。

我把自己的想法跟他说了，同时我还提醒他，那位HR上次那么高冷，也许是因为当时心情不太好，问问题的人刚好撞他枪口上去了。

在我的鼓励下，老同学终于决定往前迈一步。他把自己的情况简单地跟那位HR介绍了一下，没想到对方刚好在招人，而他的条件又恰好都符合要求。

结局自然是皆大欢喜，HR不费吹灰之力就找到了合适的人才，而我的老同学也轻轻松松地换了一份更高薪、更有发展前途的好工作。

事后，老同学向我感叹："原来，做任何事情，只有试一试才知道结果。"

是啊，不试一试，你怎么知道行不行呢？

美国心理学家阿特金森认为，一个人的成就动机可以分为两部分，一部分是追求成功的倾向，一部分是避免失败的倾向。

在他看来，追求成功的人，通常会努力克服一切障碍，尽快解决困扰自己的难题；而那些避免失败的人，总是会选择不去做一件事情或是去做自己有绝对把握可以完成的事情。

其实，在人际交往中，很多人不愿意开口向别人求助，从某种程度上来说，也是因为他们害怕失败，他们宁愿什么都不做，也不要做了之后得不到想要的结果。

很可笑，对不对？要知道，什么都不做的结果，跟做了之后失败并没有什么区别，反倒是主动去做，最后还有一半的可能会成功。

美国前总统林肯在写给友人的一封信中，曾提到自己幼年时的一段故事。

小时候，林肯的父亲在西雅图买下了一座农场，农场里面有许许多多的石头。它们是一座小山头，与大山连着。当时，农场的主人之所以愿意将这座农场卖给他们，就是因为这些石头没办法搬走。有一年，林肯的父亲独自去城里买马，林肯的母亲则带着他们在农场劳动，在母亲的鼓舞下，他们开始挖那一块块石头。

没想到，没花多少工夫，他们就把这些石头全部搬走了。

原来，这些石头并不是人们想象的山头，而只是一块块孤零零的石头，只要在石堆上往下挖一米，就能让它们晃动，从而松动散落在地上。

这件事让林肯感触颇深，他在信末写道："有些事情一些人之所以不去做，只是他们认为不可能。其实，许多不可能只存在于人的想象之中。"

是的，很多恐惧都植根于自己的想象，笃信想象中的"不可能"，而不去行动的人在生活中，往往也很难有奇迹发生。

要想知道梨子的味道，你就得亲口尝一尝。

同样的道理，别人答不答应你的请求，你只有问了才知道答案，如果连问都不去问，那你很有可能错失命运赠予你的珍贵礼物。

晓飞跟阿诚是大学同学，两人同时到一家公司应聘财会工作，结果都未通过面试时。面试官说他们太年轻，而公司需要的是经验丰富的会计人员。

　　晓飞被刷下来后很郁闷，垂头丧气地离开了，但阿诚却没有气馁，他对面试官说："请您再给我一次机会，让我参加完笔试。"

　　面试官见他这么坚持，竟有几分欣赏，便答应了他的请求。后来，笔试的成绩出来了，阿诚的分数最高，就这样，他有了参加复试的资格。

　　复试由公司人事部经理主持，阿诚坦白地告诉对方，自己并没有财务工作经验，但只要给他一个机会，他一定用心做好这份工作。

　　但经理还是倾向于找一个有财务工作经验的员工，他客气地对阿诚说："你的情况我都了解了，你先回去吧，有消息我会电话通知你的。"

　　阿诚还是不死心，他从座位上站起来向经理点点头，然后从钱包里拿出一块钱，恭敬地用双手递给经理："不管您是否录用我，请您都给我打电话。"

　　经理愣住了，随即问道："你怎么知道我不给没被录用的人打电话？"

　　"您刚才说有消息就打，言下之意就是没被录用就不打了。"

　　经理又问："如果你没被录用，你想要我打电话跟你说什么呢？"

　　"我希望您能告诉我，我在哪方面不够好，不能达到你们的要求，我好改进。"

"那这一块钱？"经理还是有些不解。

阿诚微笑着说："给没有被录用的人打电话不属于公司的正常开支，所以应该由我来付电话费。"

经理终于被打动了，他对阿诚说："你把这一块钱收回去吧，我不会给你打电话了，我现在就正式通知你，你被录用了，下周一准时来公司上班。"

两个人不同的选择，最终造就彼此不同的命运，晓飞早早地选择了放弃，因而与这份工作无缘，而阿诚决定试一试，没想到竟推开了那扇虚掩的门。

命运总是偏爱主动的人，阿诚不怕麻烦别人，接二连三地选择主动出击，所以，他赢得了展现自己、推销自己的机会，让经理看到，虽然他缺少相关的工作经验，但财务工作者应有的职业素养，他样样都有。

不试一试，你永远都不知道行不行。这句话与所有人共勉。

别害怕，拒绝与被拒绝是人生常态

> 拒绝的是我们的请求，而非我们自身。

　　朋友受邀参加一场婚礼，邀请她的是一位前同事，他们之间的关系很一般。

　　她心里不想去，可又不好意思直接拒绝，就说自己要看工作忙不忙，如果有空就过去。

　　原本她以为这事儿就这么过去了。谁知婚礼当天，她接到对方电话，问她怎么没去。

　　朋友支支吾吾地说："实在没空，忘了跟你讲了。"这下人家不高兴了，说了有空过来，没空也该说一声呀！

　　朋友连声抱歉，尴尬至极。

　　生活中，像我朋友这样的人比比皆是，他们以为不直接拒绝别人，就能让双方都好过一点，却不知道，当你不想去做某一件事时，含糊其词地回应往往会适得其反。

不敢干脆地拒绝别人，表面上是为别人着想，不想让对方难堪，实际上是太把自己当回事儿，以为自己表示拒绝，人家的心就碎了。

你以为，人家向你开口是非你不可，但实际上他很有可能只是漫天撒网，对谁都抱着试一试的心态。谁不好意思拒绝，谁就当了冤大头。

曾在天涯上看过一个诉苦帖。

帖主是位男士，最近刚贷款买了一辆新车，宝贝得要命，每天都要把车子擦得干干净净的，开车上路也特别小心，生怕被刮到。

没开几天，一个高中同学找上门了，说回家过年，想借他的车开开。他心里一万个不愿意：这可是刚买的新车呀，要是被刮坏了，我不得心疼死？心里虽然各种不愿意，但嘴巴却比谁答应得都快："没问题，你拿去开吧！"

见他这么爽快，同学喜笑颜开，一直夸他大方，讲义气。一顶"高帽子"就这么戴在他头上，他只能眼睁睁地看着同学开着他的车扬长而去。

过完年，同学就把车还给他了。真走运，车子完好如初，他这颗心才安稳落地。可让他没想到的是，后来，这位同学竟频繁找他借车，理由五花八门。这直接导致他每天下班都带着巨大压力，担心在家门口看到这个噩梦般的同学。

有网友在下面回帖说，车是你自己的，不想借你就别借呗。

道理是没错，可对有些人来说，拒绝的话真的好难说出口。一方面，他们害怕别人无法承受自己的拒绝，一方面，他们担心拒绝别人，对方会给自己"差评"，就像帖子中的主人公一样，如果不借车给同学，他担心对方说他小气、不仗义。

其实，不会拒绝的人，往往也难以接受别人的拒绝。他们误以为，拒绝等于否定，如果有人拒绝自己，他们就会觉得自己很丢脸、不被关爱、不被认可。

所以，对他们来说，开口向别人求助是一件很可怕的事情，万一被对方拒绝，他们的心会受到很大的伤害。为了避免这种伤害，他们几乎不会找别人帮忙，哪怕自己现在陷入巨大的困境，急需外力的支援，都不会去麻烦任何人。

老陈最近失业了，年近四十的他，上有老人要赡养，下有小孩要抚养，经济压力很大，所以，一有时间他就往人才市场跑，希望能尽早找到一份好工作。

可找了一个月，工作还是没有着落，要么薪资待遇太差，要么休息时间不够。为此老陈很头疼，整天在家唉声叹气，借酒消愁。

看他那么颓废，老婆就劝他去找一位颇有人脉的堂舅帮忙，但他很不情愿，总觉得好多年都没跟那位堂舅走动了，这么贸贸然去找对方，一定会被拒绝的。

老婆开导他："这都火烧眉毛了，你还在顾虑这些。被拒绝就被拒绝嘛，大不了再想别的办法，谁没有被拒绝过，被拒绝又不会让你少一块肉。"

是的，人人都被拒绝过，拒绝不等于否定，拒绝的姿态也不冷漠，被拒绝更不用觉得丢脸，只是告诉你这条路暂时走不通而已。

如果你足够坚持，那就再央求下别人，说不定最后会有转机。如果你没那么执着，就此放弃，再去选一条别的路试试，那也挺好的。

只可惜，老陈还是不为所动，他对老婆说："我还是再找找吧，一定能找到好工作的。"然而，一个月过去了，两个月过去了，半年又过去了，老陈还是赋闲在家。

家里穷得快揭不开锅了，老婆急得跟热锅上的蚂蚁一样，她给老陈下了最后通牒，要么去找堂舅帮忙，要么在一个星期内把工作落实。

没办法，老陈只好继续跑人才市场，可一个星期过去了，工作还是没有眉目。至于找堂舅帮忙，老陈一直坚持自己当初的想法，始终战胜不了心中的恐惧，他很害怕堂舅拒绝自己，到时候那种尴尬的场面，会让他生不如死。

老婆一气之下，收拾行李，带着孩子回娘家了，只留老陈一个人在家长吁短叹，顾影自怜。

不知你有没有发现，很多时候，我们赋予了拒绝和被拒绝太多的含义，总觉得别人拒绝我们，就等于否定、质疑、贬低我们，其实并不是这样的。

心理学家李雪曾说:"拒绝这件事情,不等于拒绝你这个人,不等于你的要求不合理,不等于我不在乎你,我拒绝仅仅因为我的感受告诉我,现在我不想这么做。拒绝的同时,我不会把自己关闭,我依然感受你的爱,理解你的需要,理解自己的需要,让我们的需要共同创造出爱的方式。"

看到了吗?当别人拒绝我们时,拒绝的是我们的请求,而非我们自身,我们不用感到难为情,也无须有受伤感。

记住,拒绝与被拒绝是人生常态,我们的每一天都在拒绝与被拒绝中度过:

哎,同学,你能帮我拿个快递吗?

不好意思,有点累,我不想拿。

哎,老爸,你能借我几千块钱吗?

不好意思,手头紧,我不想借。

哎,老公,你能帮我买个包包吗?

不好意思,太贵了,我不想买。

……

放轻松一点,大家都是成年人,你可以直截了当地拒绝别人,别人也可以直截了当地拒绝你。搞清楚这点,下次遇到困难,你就会找别人帮忙了,对吗?

不要不好意思，大声提出你的要求

> 　大胆发声总是好过默默忍耐。

　　萍萍是我从小玩到大的朋友，她很早就结婚了。刚开始，她每天都会在微信朋友圈发一些她跟老公的甜蜜合影，所有人都认为她过得很幸福。

　　可最近不知怎么了，她朋友圈的画风突然变得很哀怨，频频转发一些两性文章，似乎在向老公喊话，希望老公对她多一点心疼和体贴。

　　有朋友私底下问过她老公，"你们俩是不是吵架了？萍萍的性格比较敏感，内向，有什么事总是闷在心里不说，你平时可要多关心她呀！"

　　哪知，萍萍的老公也很委屈，"我每天辛辛苦苦挣钱养家，每个月的工资几乎全部上交，在外也从不拈花惹草，她还有什么地方不满意啊？"

是啊，萍萍到底不满意什么呢？这也是我们这群朋友的疑问。

萍萍告诉我们，她是一个非常喜欢浪漫的人，很看重生日、情人节、结婚纪念日等日子。每到这样的日子，她心里就暗暗期待老公能给自己一个惊喜，精心挑选一份礼物送给她，或是带她去餐厅吃一顿烛光晚餐。

"这些要求过分吗？"萍萍问我们。

当然不过分。只是，萍萍太扭扭捏捏了，她不好意思跟老公提这些要求，却希望老公能自觉做好，满足她的心愿，一旦期望落空，她就一肚子怨气。

她幽幽地说："我老公如果真的爱我，疼我，那用不着我说，他自然会记得我的生日，还有情人节和我俩的结婚纪念日。"

萍萍错了。其实，很多男人都活得比较粗糙，不太注重这些节日，再加上忘性大，所以总是一次又一次让女人失望、落寞。

但是，这并不代表他们不爱自己的老婆，撇开这些特殊的节日不说，在其他的日子里，他们中的很多人也做得相当不错啊，挣钱养家，下厨做饭，修马桶，陪逛街，搬东西，他们在用自己的方式宠爱着另一半。

所以，真正的问题并不是老公不想满足萍萍的要求，而是萍萍没有直接告诉老公自己的要求是什么。

　　生活中，有些人不好意思向他人提要求，是因为他们认为提要求等同于索取，而索取的行为在他们的观念里又是一种自私的表现。

　　他们不希望自己看起来很自私，为了不让别人讨厌自己的"自私"，他们只好强压下心头的渴望，逼迫自己做一个"无欲无求"的人。

　　可心理学家说过，凡是压抑的，必要找出口爆发。那些我们不好意思提出来的要求，长时间不被别人看见和满足，最终就会演变成情绪上的不满和怨恨。

　　不好意思提要求，这种现象在职场上也屡见不鲜。

　　堂妹是一家外贸公司的采购员，工作认真努力，从不浑水摸鱼，因为她相信一分耕耘，一分收获，只要自己真心实意为公司耕好分内的一亩三分地，老板自然就会对她论功行赏，给她升职加薪。

　　不得不说，这样的想法很傻很天真，你以为升职加薪是由老板决定的，但实际上在很多时候，升职加薪是需要你自己主动争取的。

　　如果你不好意思跟老板提要求，那么他就会默认你对现在的薪资待遇很满意，到最后，你就只能原地踏步，眼睁睁地看着身边的同事青云直上，风光无限。

　　堂妹很快就尝到了苦果，有一天，她突然哭丧着脸对我说："姐姐，我实在太不甘心了！我在这家公司干了快五年了，当时跟我一起进公司的两个同事，现在混得都比我好，一个成了其他部门的头头，一个成了我的头头，就我一个人还是外甥打灯笼——照旧。"

其实，这样的结果早就在我的意料之中。堂妹或许不知道，行走职场，要想加薪升职，光靠埋头苦干是远远不够的，我们既要努力做事，跟同事拼能力、拼业绩，也要学会跟老板提要求，主动争取自己应得的报酬。

"跟老板提要求？"堂妹有些不好意思。

我对她说："老板跟你是雇佣关系，他出钱，你出力，谁也不欠谁。当你在工作上的付出远远高于你的所得时，你就会像现在这样生气，替自己不值。如果你想等老板觉悟，主动给你加薪升职，那还不知道要等到猴年马月呢！"

和我堂妹一样，很多人心中都住着一个腼腆、害羞、不好意思的小人儿。这个小人儿经常口是心非，明明心里很想要某样东西或是达成某个愿望，但就是不愿意直接说出来，非要别人心领神会，主动把他们想要的给他们。

可世界上哪有这么好的事儿？

不管你想要什么，你都必须大声说出来，以一种光明磊落的姿态去为自己争取。不好意思跟别人提要求，最终只会让你一无所获。

听了我的建议后，堂妹决定跟老板好好谈谈。

这一次，她没有遮遮掩掩，不好意思，而是跟老板开门见山："老板，我来公司五年了，工作上一直勤勤恳恳，成绩大家也有目共睹，我想涨工资。"

老板先是愣了一下没说话，不过很快就反应过来了，笑着对她说："我刚想跟你提这事儿呢，没想到你先说了。你放心，这两天我就给你加薪。"

老板的反应让堂妹大吃一惊，原来，简单直接地向别人提出自己的要求，对方并不会觉得很尴尬或是被冒犯，反而能有效地解决问题。

后来，堂妹告诉我，自从她上次跟老板提要求后，老板不仅给她涨了薪水，还比之前更加重视她了，她相信再过一阵自己就能升职，迎来事业上的春天。

"会哭的孩子有奶吃"，这句话其实适用于世间一切关系。所以，不要不好意思，要知道，大胆发声总是好过默默忍耐，能够大声说出自己要求的人，最后才能得偿所愿，喜笑颜开。

有一种存在的意义叫作
"被人需要"

如果麻烦别人是件纯粹的"坏事"，
为什么有那么多的朋友会主动说"有事儿尽管找我"？
因为在他们看来，那未必就是一个麻烦。
连我们自己都不知道的是，向别人开口求助时，
对方已经从你这里获取了精神营养。
这是一种情感上的交流，也是滋养关系的肥沃土壤。

给别人一次了解你的机会吧

> 关系是在麻烦中建立起来的，感情也是在麻烦中逐渐升温的。

你是不是也有这样的习惯，每次打开微信，总是忍不住点开朋友圈，翻看别人的最新动态，指尖一路滑上去，心里则一阵惊呼："呀，他出国旅游了，好羡慕他啊！咦，她生孩子了，宝宝还挺可爱的！啧啧，这个人又发小广告了，真讨厌！……"

三五分钟后，你就把所有人的生活浏览完了，你意犹未尽，跃跃欲试，也想上传几张最新的美照到朋友圈，让别人多了解一下你的近况。

心动不如行动！照片已经上传快半个小时了，你在半个小时中查看了无数次朋友圈，发现既没有人给你点赞，也没有人给你评论。

你好失落，好生气，心中暗暗地抱怨，这些人都不跟我互动，还算什么朋友啊？哼，你们以后谁也别想得到我的点赞和评论！

就在你抱怨时，你可能都没有想过，这些人确实不是你的朋友，即便你们以前认识，同过窗，共过事，但生活中无交集，已逐渐淡化了你们之间的关系和情感，你和他们的关系已然沦为虚拟社交中的点赞之交。

飞扬参加工作很多年了，事业一直做得很出色，在公司备受领导重视，同事们也很佩服他，所有人都认为他是天之骄子，可他却还是郁郁寡欢，因为他没有一个知心朋友。

无聊的时候打开微信，看着几十上百个头像，却不知道该找谁来聊聊天；翻开手机上的通讯录，陌生人的名字一大堆，常用联系人却寥寥无几。

人人都有社交渴望，飞扬也不例外，所以，闲暇时候，他经常刷朋友圈，疯狂给别人点赞、评论，但他自己的朋友圈却无人问津。

其实，如果一个人真的想交朋友，想让别人对自己多一点了解，把希望寄托在朋友圈是很不现实的，与其通过虚拟社交圈跟别人互动，展现自己的生活，还不如直接联系自己想要维持关系的那个人。

这种一对一的沟通和互动才是最真实的。当你径直走向那个人，他就能感受到你的真心和诚意，而你也可以借助这个机会展现自己，让他更深刻地认识你。

有一次，飞扬在工作上遇到了一点问题，急需了解一些法律方面的知识，于是他突然想起前不久在朋友圈看到的一条动态，发布这条动态的是他的一位高中同学，那位同学好像就在一家知名的律师事务所工作。

要不要找他帮帮忙呢？飞扬犹豫了一会儿，最终还是给对方打了一个电话，邀请他出来吃饭，叙叙旧，顺便把自己的请求跟他说了。

让飞扬没想到的是，那位同学后来竟然成了他最要好的朋友。

用餐时闲聊，他们发现两人有很多共同爱好，比如都喜欢看电影、攀岩、游泳和打桌球。两个人越聊越投机，不仅各自分享了一些好电影，还约好下次一起出去打桌球。

就这样，一回生，二回熟，飞扬在麻烦同学的过程中，也给了同学了解他的机会。此后两人开始频繁地联系和交流，彼此间的友情也越来越深。

所以，不要害怕麻烦别人，因为很多时候，麻烦别人也是一种难能可贵的情感交流。

当你麻烦别人时，就等于向别人敞开了自己，让别人有机会看到一个真实的你，时间长了，原先那种横亘在你们中间的陌生感自然就会消失，如山顶的冬雪遇到温暖的阳光一般，最后融化成潺潺流水，流进你和他的心中。

前不久，倩倩约我去郊外爬山，因为堵车，我迟到了整整一个小时。一路上，我不停地给她发微信，但她一句话都没回我，难道生气了？

等我急急忙忙地赶到目的地，才发现她跟一个陌生的大姐正聊得起劲，完全没有听见手机响。不过没关系，只要她没有生气，那我就放心了。

在我们这群朋友中间，倩倩是出了名的"群众关系好"，不管走到哪里，遇到什么人，她都能跟对方搭上话，聊着聊着，感觉熟络了，就互相加了微信。

我曾问过倩倩："你每次都找什么理由跟别人搭话呀？"

倩倩给我的答案很简单，那就是找别人帮忙。

她很自豪地跟我说："每次麻烦别人，别人都会很热情地回应我，然后我们就聊开了。越往下聊，对方就越了解我的性格，也更愿意跟我做朋友。"

就好像上次那位陌生的大姐，倩倩只不过向她请教了几个爬山的问题，她的话匣子就被打开了，滔滔不绝，我迟到了一个小时，她跟倩倩也聊了一个小时。

大姐跟倩倩很投缘，离开前还给倩倩留了一张名片，我们一看，当场就惊呼出声，哇，原来她是一家广告公司的大老板！

后来，大姐还主动给倩倩打电话，邀请倩倩去她的公司任职，承诺的职位和开出的薪资，都比倩倩现在的要好很多。倩倩听了欣喜若狂，连连向大姐道谢。

你看，麻烦别人，找别人帮忙，是不是也可以成为一个展现你自己，和别人建立互动关系的绝佳机会呢？到时候，你得到的可能不仅仅是一个聊得来的好朋友，甚至还可能是一个改变你人生的贵人。

我知道，很多人都不喜欢麻烦别人，可不麻烦别人，别人也就没有机会认识你、了解你，你们之间的关系也没法拉得更近，你们之间的感情也没法得到升温。

曾听过这么一句话："凡是怕麻烦别人的人，其朋友圈越来越小。"

是啊，如果你不想麻烦别人，你跟别人的关系也就无从建立，想必这绝不是你的初衷，因为活在这个世界上，没有人不需要关系，也没有人不渴望感情。

关系是在麻烦中建立起来的，感情也是在麻烦中逐渐升温的。

亲爱的，走出你的世界，给别人一次了解你的机会吧！你的美好值得被所有人看到，你值得拥有一个更大更广的世界，以及更多更好的朋友。

喜欢他，你才会去麻烦他

> 越是麻烦，越是爱。

"情感奶爸"陆琪曾说过这么一段话："如果一个女人对你忽冷忽热，无理取闹，爱找话题跟你聊天，每天晚上给你打电话，说明她真的很依赖你。女人都极度地缺乏安全感，请原谅她的小任性，那是她在考验你。她说不要那就是要，她说讨厌就是喜欢。一个女人嘴上越是口是心非，心里越是在乎你。"

这段话曾被很多网友抨击，说是会误导女性，纵容女性在男性面前无理取闹。

不可否认，陆琪的这段话确实有不妥当之处，但也并非毫无道理，起码他道出了人际关系中的一个真相——你喜欢谁，你跟谁关系好，你才会去麻烦谁。

小丽和男友小泽在一起七年了，两人是大学同班同学。刚开始，他俩接触并不多，互相之间不太熟。后来，小丽在校报上无意中看到小泽写的一篇文章，当时感觉特别喜欢，便开始留意这个男生，还主动加了他的QQ号。

小泽是一个人品很好，又有才华的男生，经常在博客上发表文章，小丽几乎每一篇都仔细地阅读过。通过文字，她对小泽的为人更加了解了，也更加喜欢他了。

有人说，喜欢一个人，就忍不住跟他亲近，有什么问题都会不由自主地找他。

其实，小丽也是这样的心态。

她跟小泽都喜欢阅读，但小泽的阅读面比她广，于是，她经常在QQ上问小泽："你最近在看什么书呀？告诉我一下呗。跟着你一起阅读，说不定我以后也能写出像你写的那样好的文章。"

简简单单的一句话，小泽听了心里很受用，觉得这个女孩跟自己有共同的兴趣爱好，又非常欣赏自己，喜欢自己，崇拜自己。所以，他一点也不介意小丽麻烦自己，相反，他甚至希望小丽能一直跟自己保持这样的交流和互动。

每次上QQ，他都会习惯性地先看一下小丽的头像，如果头像是亮的，他心里就雀跃不已；如果头像是灰色的，他的心情也跟着黯淡下来。

这种彼此都有好感，但又没有明说的关系一直持续了一年。期间，小丽经常找各种理由麻烦小泽，小泽也乐得被她麻烦，渐渐地，两个人的关系越来越亲密。

当小泽终于鼓起勇气向小丽告白时，小丽干脆地答应了。

确定关系后，小丽在小泽面前更放得开了，以前她还能徒手撕开快递包，现在连矿泉水瓶盖都拧不开，非得嘴一噘，手一伸，让小泽帮她拧。

别人都说她作，可小丽却说："我只在我喜欢的人面前作。"

是啊，在喜欢的人面前，每个人都格外有安全感，再怎么作，再怎么无理取闹，你都不用担心他讨厌你，而他也知道，你是因为喜欢他才去麻烦他。

小泽从来不讨厌小丽的"作"，每次小丽麻烦他，缠着他问东问西，让他帮忙做事情，他都跟吃了蜜糖一样，嘴角总是挂着甜甜的笑容，眼神里写满了温柔和爱意。

相恋七年，他们之间的感情与日俱增，完全没有遇到别人所说的"七年之痒"。今年年底，他们准备举办一个简单的婚礼，携手步入幸福的婚姻殿堂。

小时候，你受了委屈，会习惯性地找父母要安慰；读书时，你碰到了难题，会下意识地找老师要答案；步入社会了，你遇到了麻烦，会第一时间找朋友帮忙……

在人生的不同阶段，谁跟你关系更亲近一点，谁跟你感情更深厚一点，你在遇到困难时，就会第一个去找他，麻烦他，向他寻求帮助。

人性向来如此，就连发脾气，你也只会发在跟你最亲密的人身上。

难道不是吗？你在陌生人面前，永远规矩礼貌，疏离中带着客气；你在同事面前，偶尔会开几句玩笑但始终不失分寸；你在普通朋友面前，会嘘寒问暖但不太亲密。但你在好朋友面前，会嬉笑怒骂，百无禁忌；你在父母和爱人面前，则会彻底放松自己，暴露自己的缺点，想发脾气就发脾气……

曾听过一句话："看一个人和另一个人关系好不好要看他们敢不敢互相发脾气。"

没错，人与人之间，越是亲密无间，越是放肆任性。

如果你敢对一个人发脾气，那多半是因为你喜欢他，你跟他很亲密，你在他面前享受十足的安全感，你不用担心他离开你。

说到这儿，我突然想起姐姐跟姐夫之间的感情。

姐姐是一个脾气很急躁的人，做事雷厉风行，看不得别人拖拖拉拉，可姐夫偏偏是一个慢郎中，不管做什么事都不急不慢。所以，姐姐每次都看不惯，脾气一上来，就会大声冲姐夫吼："你快点行不行啊！"

家里如果有什么东西坏了，姐姐用着很不顺手，就会很不耐烦地命令姐夫："哎，你赶紧把这个东西修好，我等着用呢！"

以前看到姐姐对姐夫这样"颐指气使"，我还会为她提心吊胆，生怕姐夫生气跟她吵架闹离婚。可后来我发现，自己纯粹是瞎操心，姐夫根本就是一个"受虐狂"，一直乐在其中，他们夫妻俩的感情比我想象中的还要好很多。

有一次，我实在按捺不住心中的好奇，就问姐夫："姐姐这样对你，你怎么好像还一副挺享受的样子呢？"

姐夫哈哈大笑，"你姐姐越爱一个人，越是会在那个人面前展现自己的真性情，所以，每次她使唤我做事，我都不觉得她麻烦，反而觉得她爱我爱得深沉。"

姐夫的话有点肉麻，但仔细想想，还是有几分道理的。麻烦别人确实是一种爱的表现，当你喜欢一个人时，你才会去麻烦他，而对方也会感受到你对他的喜欢。

生活中，我们经常会听到长辈给我们的箴言："自己管好自己，不要麻烦别人。"好像麻烦别人是一件非常惹人厌的事儿。其实，他们并不知道，麻烦别人也是一种情感交流，好关系基本上都是麻烦出来的。

越是麻烦，越是爱，这是一个值得被所有人铭记在心的真理。

麻烦别人，是对别人能力的认可

> 被需要，是对一个人能力的极大认可。

星云大师曾说："有的人值得被人利用，故能成才；有的人堪受被人利用，故能成器；有的人不能被人利用，故难成功；有的人拒绝被人利用，故难成就。"

其实，从情感上来说，谁都不喜欢"被人利用"，一个人在得知自己被人利用之后，通常都会感到很愤怒，很受伤。

然而，人终究要学会宽慰自己，每一件糟糕的事情背后，一定也有它的正面意义。被人利用，虽然并不舒服，但它也从侧面证明你有价值，有能力，你在某些方面的表现要比别人突出一些，优秀一些。

这样一想，你的心情就会舒畅很多。

在这个世界上，每个人都追寻一种价值感，希望自己对别人而言是一个有价值的人，希望自己的能力得到别人的认可。

人生就是一个不断努力，提升自我能力，让自己变得更值钱，更有利用价值的过程。要知道，每个成功的人都是这么走过来的。

所以，对很多人来说，被人利用并不可怕，可怕的是没有利用价值。

把握住这种心理，你就不难发现，生活中，为什么那些经常麻烦别人的人，人缘反而要比一般人好，因为麻烦别人，也是对别人能力的认可。

菲菲最近情绪很低落，总是摆出一张苦瓜脸。我问她怎么了，她带着哭腔跟我说，前几天她跟弟弟去叔叔家做客，叔叔对弟弟很亲热，对她却有些冷淡。

菲菲的叔叔是一个很能干、很有魄力的商人，在镇上开了一家大超市，交友很广，乐于助人，也很大方。

以前听菲菲说过，她小时候家境不好，叔叔在经济上给了她家很多帮助，所以，父母一直对他们姐弟俩说，以后长大了要好好孝顺叔叔。

菲菲把父母的话听进去了，认真读书，毕业后又好好工作，遇到再难的问题，都是自己解决，从来不会去麻烦叔叔，逢年过节她还给叔叔买各种营养品。

反倒是弟弟有些不听话，读书不用心，高中都没读完就跑出去打工了，遇到困难总是找叔叔帮忙，而叔叔每次都不会拒绝他。

可叔叔毕竟年纪大了，身体又不是很好，于是，菲菲就劝弟弟："你要多心疼叔叔一点，不要动不动就麻烦他，咱们家欠叔叔的还不够多吗？"

按理说，菲菲这么为叔叔着想，而弟弟经常给叔叔添麻烦，叔叔应该更喜欢菲菲一点，可事实让人大跌眼镜，叔叔反倒更偏爱弟弟。

每次菲菲跟弟弟一起去看望叔叔，叔叔总是拉着弟弟聊天，问他最近在做什么。叔叔还跟弟弟说，如果他有什么困难尽管开口，千万不要不好意思。

看到叔叔对弟弟那么亲热，菲菲心里跟吃了黄连一样苦，她不明白，为何她这么心疼叔叔，叔叔反倒不领情，每次都把她晾在一边，仿佛她不存在。

菲菲愤愤地说："老天爷太不公平了！"

是啊，一片真心总被轻贱，搁谁身上都不痛快，我能理解菲菲的感受，可菲菲必须明白一点，这个世界从来都不是论"真心"行赏的。

我们不会因为谁更关心我们而更喜欢谁，我们只会因为谁更需要我们而更喜欢谁。

被需要，是对一个人能力的极大认可。

　　廉颇老矣，尚能饭否？尤其当一个人年老体衰后，这种心理需求就更迫切，更强烈。因为他太需要从别人那儿得到这种认可了，只要别人还在抢他，拉他，拽他，麻烦他，他就感觉自己老当益壮，还是一个散发着光芒，很有价值、很有用的人。

　　很显然，菲菲的叔叔就有这种心理，所以，他在情感上更偏向菲菲的弟弟。

　　由此可见，麻烦别人并不是一件坏事，而是一种情感交流。

　　当你麻烦别人时，对方会觉得，你来找他帮这个忙而不是找其他人，说明你认为他在这一方面有过人之处，这是对他能力的认可。所以，他会非常乐意帮助你，一点也不觉得你给他添了麻烦。同时，他还更容易对你产生好感。

　　在这方面，我本人有着最切身的体会。

　　从小我的体质就比较差，经常感冒发烧，不知道打了多少针，吊了多少水。后来又贪吃生冷，身体一度变得很虚寒，每个月都饱受痛经的折磨。

　　为了治好痛经，我试了很多方法，但始终没有多少效果。后来接触中医艾灸，我学到了很多宝贵的养生知识，经过一段时间的调养，我的痛经彻底好了。

　　很快，身边就陆续有人向我请教这方面的问题，每次我都是知无不言，言无不尽。在分享的过程中，我明显感觉自己的自信心又提高了不少。

有个同学结婚好几年了，一直怀不上小孩，两边父母都很着急，她就跑来向我求助。我把自己掌握的信息全告诉她了，让她调整生活方式，早睡早起，三餐按时，少吃生冷，减轻工作压力，尽量保持心情愉快。

除此之外，我还给她推荐了一位专业的中医。在中医的指导下，她谨遵医嘱，艾灸相关的穴位，很快就顺利怀上了孩子，最后生了一个八斤多的女儿。

后来，这位同学对我说了一句话："你是我人生路上的一盏灯。"

她的这句话给了我很大的鼓舞，我觉得自己的能力在她那里得到了认可，所以，直到现在，我都感觉跟她很亲。虽然我和她居住在两个不同的城市，平时也没什么见面的机会，但是彼此的感情却很深厚，每次想到对方，心里都是暖烘烘的。

曾在书上看到过一句话："拉近距离的最好方式，是让别人来帮你。"深以为然。

生活中，很多人因为害怕被人讨厌，从来不会去麻烦别人。殊不知，你找别人帮忙，最后受益的不仅是你一个人，对方也从中确认了自己的能力和价值。

毫无疑问，这是一场双赢的人际互动。

所以，你麻烦别人，别人高兴还来不及，又怎么会讨厌你呢?

想让别人喜欢你，你就请他帮个忙

> 越付出越爱。

上学时发现过一个有趣的现象，个性独立，凡事自己解决，从不找男生帮忙的女生一般没什么人追，看起来娇弱，动不动就麻烦男生的女生，往往众星捧月。

以前百思不得其解，不知道为什么会这样，直到我在著名心理学家艾略特·阿伦森的《社会心理学》中读到这样一个故事：

1736年的某一天，富兰克林在宾夕法尼亚的议院发表演讲。一位议员完全反对他的观点，于是也发表了一篇演讲，十分激烈地批评了富兰克林。

这让富兰克林有点措手不及，但他又想争取这位议员的认同和支持。

怎么办呢？

他无意中打听到这位议员的家里正好有一套非常稀有的图书。于是，他用十分恭敬的语气写了一封信，厚着脸皮向这个议员借书。

没想到，这个议员竟然同意了。一个星期后，富兰克林还书时郑重地向他表达了谢意。

几天后当他们再次在议会厅见面时，富兰克林是这样描写的："他竟然主动跟我打招呼（以前从来没有过），后来我们谈话，他还表示，任何时候都愿意为我效劳。"

从此，他们化敌为友，终生保持着友谊。

从这一段经历，富兰克林得出了一个结论：曾经帮过你一次忙的人，会比那些你帮助过的人，更愿意再帮你一次忙。

很有意思是不是？

因为通常我们都认为，麻烦别人是一件非常糟糕的事情，别人会对我们很反感，心存各种不满，这就导致我们没办法在遇到麻烦时开口向别人求助。

其实，这种想法是不对的。

很多时候，你麻烦别人，不一定就会让对方不高兴，相反，别人在帮了你后，内心会产生一种极大的满足感，日后看你的眼神也会不一样。

所以，让别人喜欢你的最好方法不是去帮助他们，而是让他们来帮助你。

朋友小筠给我讲过一个发生在她身上的故事。

小筠之前有一个同事，横竖看她不顺眼，还经常在背后说她的坏话。小筠知道后很生气，私底下找到那个同事，大声质问她："我到底哪里得罪你了？"

同事白眼一翻，很不屑地说："你这个人说话娃娃腔，嗲声嗲气好造作，我很不喜欢。"说完，她就用力推开小筠，然后大摇大摆地走了。

看着她离去的背影，小筠的心里真是五味杂陈。

"她这样对你，真的很过分啊！"我替小筠打抱不平。

我跟小筠是很多年的好朋友了，从我认识她的那天起，她就是娃娃腔，声音软软糯糯很好听，朋友们都戏称她是"台湾林志玲"。

所以，我很气愤地说："你的娃娃腔是天生的，根本不是装的好不好，那个同事说话实在有够欠揍！你后来是怎么对付她的呢？"

小筠告诉我，她想了很多办法，包括主动向那位同事示好，但都没能扭转对方对她的错误看法，她本来打算放弃的，可是有一天，她突然在书上看到一句话："我们并不因为别人对我们的好而爱他们，而是因为自己对他们的好而爱他们。"

这句话给了小筠很多灵感和启发，她决定抛开旧日恩怨，找那位同事帮几个小忙。就在她第一次开口求助时，对方明显还有点不适应，脸上露出一丝惊讶，还有点不好意思，但最终还是帮助了她。

事后，为了表示感谢，小筠便热情地邀请她出去吃饭，这时，同事更加不好意思了，脸颊上飞快地浮现出两朵羞涩的红云。

就这样，小筠连续几次找她帮忙后，她再也没有说过小筠的坏话。

我向来就知道小筠很聪明，但没想到她这么厉害，连讨厌她的人，她都能轻松收服。小筠的这段经历真是应了那句话，好关系是麻烦出来的，你越是麻烦别人，别人越是喜欢你。

可遗憾的是，很多人终其一生都走在一条错误的道路上，他们以为，自己对一个人付出越多，对方就会越爱自己，越离不开自己。

真实的情况却是相反的。

这就好比情感投资一样，你投资得越多，你对投资对象的感情就会越深。所以，想让一个人喜欢你，你不妨多去麻烦他，让他多帮你，对你多付出，时间一长，他就会越来越喜欢你，越来越依恋你们之间的关系。

你看过法国作家埃克苏佩里写的《小王子》吗？在这本短篇儿童小说里，让我印象最深刻的就是小王子与玫瑰花的爱情故事。

小王子在一个小小的星球上生活，有一天，星球上忽然绽放了一朵娇艳的玫瑰花。

　　小王子从来没有见过这么美丽的花，出于强烈的爱慕之心，他每天都会细心地呵护她，照料她，给她浇水，把她放在花罩中，用屏风保护她，除掉她身上的毛虫，当然，还要忍受她的挑剔和骄傲。

　　那个时候，他真的发自内心地认为，他的玫瑰花是整个宇宙中一朵独一无二的花。

　　可当他到了地球后，发现仅仅一座花园里就有五千朵完全一样的玫瑰花，他因为这个发现而非常伤心，"我还以为我有一朵独一无二的花呢，我有的仅是一朵普通的花。"

　　就算那朵玫瑰花很普通又怎么样呢？小王子还是很牵挂她，放不下她。

　　后来，一只小狐狸告诉他："正因为你为你的玫瑰花费了时间和精力，这才使你的玫瑰变得如此重要。"

　　小王子才恍然大悟。

　　他的玫瑰花是很普通，但他为这朵玫瑰花花费了很多时间，投入了很多精力，她就变得重要了，成了他的唯一，以及心头最爱。

　　这朵玫瑰花将他驯服了，他们之间建立了非比寻常的关系。

　　这个故事让我受益匪浅，人都是越付出越爱，而不是越得到越爱，这是人性的真相之一。所以，想让别人喜欢你，你就要请他帮个忙，等你成为他心中的那朵特别的玫瑰花时，他就被你驯服了，你们之间的感情自然牢不可破。

不要独自承受，把你的心事说与他人听

> 一来一回，情感底蕴已经开始浓厚。

几乎所有人都经历过内心的挣扎，在这种情况下，人本能地想去找个知心朋友，寻求安慰或者帮助。可也有人出于种种考虑，选择将心事藏在心里，然后低叹一句"更与何人说"。

我也遭遇过十分难过的心坎儿，从最初的独自承受，到最后一点点地敞开心扉，我最直观的感受是，把事情闷在心里的确是太难受了。

后来，我也反思，为什么起初就不愿跟人讲呢？

仔细想一想，还是自己的问题。当我们有表达某种情绪的欲望时，也一定希望这种欲望能够被满足。而当时的我，生怕自己的心事在别人那里只不过是耳旁风。为了避免遭遇没有回音的尴尬，我选择了不出声。

可这种不出声的安静，往往也伴随着吞噬人心的孤独。

在电影《天水围的日与夜》中，阿婆梁欢是楼里新搬来的住户。她刚搬进来的时候，跟邻居并不来往，每天都过着郁郁寡欢、斤斤计较的孤独生活。

阿婆从不向邻居求助，甚至连言语都没有几句。在天水围养老的日子，对她来说，好像注定只能活在自己的世界中。

不说这部电影最后温暖且略带理想化的结局，当我看到这里时，觉得电影甚是安静，阿婆也真是孤独。

人是感性的，同时也有理性。感性的一面使我们希望表达心声，获得一点关心和抚慰，而理性的一面则死死地捂住我们的嘴巴，生怕我们把话说出去，让人家听着心烦，自己满心的期待，最后换来的是别人的漠不关心。

天水围的阿婆应该就是这样的人吧。

有意思的是，有些人一边"闭关锁国"，一边又恨恨地认为自己没有朋友，连个说心里话的人都找不到，矛盾到自己都有些迷茫：到底是我出了问题，还是别人有毛病？

我们都搞错了一个顺序，不是先有知音，然后才去交流，而是在一次次交流中，我们才能找到知音。

你从未对别人打开过自己，就不可能有人能住进你的心里去。仔细数一数身边的朋友，有几个是从娘胎里带出来的，不都是一句话一句话聊成朋友的吗？

而真诚的心里话，更是一段好关系中不可或缺的。因为它能释放你的坦诚，让他人能够从和你的关系中获取安全感。更重要的是，这种交心式的情感交流能够让别人对你产生莫大的好感。

因为一个共同的兴趣，我在微博上认识了阿路。

起初，我们的关系不温不火，看到共同关心的话题，彼此可能会在微博上@对方一下。偶尔也会私信两句，也都是一些跟我们真实生活没关系的话茬子。

直到有一天，阿路突然跟我说，最近她遭遇了一些事情，挺烦人，想跟我聊一聊。她很客气，也有一些不好意思的感觉，字里行间流露出一种惶恐。

我自然不会拒绝。

那是一个很普通的下午，我们俩用手机整整聊了两个小时。与其说是聊天，不如说是听她倾诉烦心事儿的来龙去脉，听她表达愤怒和伤心。

在她每一次大段倾诉结束后，我都会给她温暖的回应。她给我的感觉，好像是一口藏水很深的枯井，突然之间，得到了整整两个小时的释放。

那天聊天结束前，她要了我的微信。

之后，我们从网友过渡到了朋友。我们互相倾诉，给彼此寄礼物，插科打诨，尽管没有见过面，我们的关系却如同知心人一般。

而这一切，都源自那个下午，她称之为"鼓足勇气，试一把"的那场倾诉。她说出的每一个字，几乎都充满让人无法拒绝的真诚。

我也知道，假如那一次她打消了找我说说心里话的念头，我们可能会这样有一搭没一搭地继续联系下去，最后像现实世界中许许多多的点头之交一样，消失在网络的海洋中，连对方的真实名字也不知道。

至于我，感觉很烦吗？并没有。

当一个人如此坦诚地讲出自己的心事时，那种被信任的感觉已经在拉近彼此的关系了。所以，在那次倾听中，我对她的好感也是爆发式地增长。

是的，我们都希望能够触碰到他人内心中柔软真实的一面，当别人主动向我们展示这一面时，我们还会有一种被重视、被珍视的感觉。

一来一回，情感底蕴已经开始浓厚。

当然，我并不是提倡对任何人都敞开心扉，交浅言深，而是想说明一个道理，向朋友倾诉心里话并没有什么不妥，他如果拒绝，我们就闭嘴，愿意倾听的话，双方或许真的能以此开始，从普通朋友变成知心好友。相反，当你选择独自承受的时候，就等于把别人推出了你的内心，注定会与孤独相伴。

正如海明威所说："每一个人都需要有人和他开诚布公地谈心。一个人尽管可以十分英勇，但他也可能十分孤独。"

其实，能不能说说心里话，现在也成了衡量人与人之间关系质量的一个标准。

有的人在酒桌上可以吆五喝六，私下里，却没有一个能够说上话的知心朋友；有的人有很多可以聊八卦的"闺蜜"，伤心痛哭时在手机上却找不到一个可以"求安慰"的联系人。

很显然，这并不是我们说的"好关系"。

在现实生活中，我曾接触过很多抑郁症患者，其中大部分人都戴着厚厚的面具，即便内心积压着许多痛苦，也不愿意把自己的心事说给别人听。

这种把自己封闭的状态，是非常折磨人的。如果可以，我真的希望他们能走出去，像倒垃圾一样，把满腹心事都倒出来。

向别人说心里话，你可能会难为情，也可能会害怕得不到回应。但比起独自承受来说，试着向他人倾诉会让你好过很多。就像法国作家大仲马说的，痛苦的经历一旦有人分担，痛苦就减少了一半。

更为重要的是，无论什么时候，这种"麻烦"都是一种情感交流，而且还能以一种真诚的姿态，为双方的关系锦上添花。

请别剥夺他人付出和给予的快乐

> 别人帮了你，也会获得等价的快乐和满足。

上次端午回家过节，听到有亲戚吐槽她老公，自己明明还欠别人钱呢，街上看见拿着碗讨钱的老头儿老太太，竟忍不住往人家碗里塞钱，真是打肿脸充胖子！

看她一脸嫌弃的样子，我倒觉得她老公挺可爱。

人之初，性本善，每个人都有英雄情结，怜贫惜弱是一种永不过时的美德，很多人看到街边乞讨的老人，都会起恻隐之心，想要尽绵薄之力帮助对方。

另外，一个自己有困难或是不幸的人，往往会通过帮助别人来获取力量，在付出和给予的过程中，他们会感觉到自己的强大，内心也会有一种淡淡的喜悦和满足。

看过一个感人的故事：

　　衣衫褴褛的兄弟二人，一个10岁，一个5岁，从农村到城里讨饭。

　　饥肠辘辘的他们来到一户人家的门口，这家人在门口说："自己干活挣了钱才有饭吃，不要来麻烦我们。"

　　他们走到另一户人家的门口，里面的人说："我们不给叫花子任何东西。"

　　他们俩在好多家门口都遭到拒绝和斥责，很伤心。最后一位好心的太太送给了他们一罐牛奶。

　　兄弟俩坐在马路旁，像过节一样高兴。弟弟对哥哥说："你是哥哥，你先喝。"他半张着嘴望着哥哥，用舌头舔着嘴唇。

　　只见哥哥睁大眼睛看着弟弟，拿着奶罐假装做出喝奶的样子。其实他紧闭双唇，没让一滴牛奶入口。然后他把罐子给弟弟，说："现在轮到你了，你只能喝一点点。"

　　弟弟拿起罐子喝了一大口，说："牛奶真好喝。"哥哥接过罐子，假装喝了一口，又递给弟弟。奶罐在两人手中传来传去。哥哥一会儿说："现在轮到你了。"一会儿说："现在轮到我了。"最后一罐牛奶都被弟弟喝完了，哥哥一滴未喝。

　　但哥哥很快乐，他把那个空牛奶罐当足球踢。他是那样的兴高采烈，因为他的肚子虽然空空如也，心里却装满了快乐。

不少人在与人打交道时热衷于索取和得到，他们觉得只有这样自己才不会吃亏。很显然，他们根本没有意识到，舍即是得，付出和给予本身就是一种莫大的快乐。

就像故事中的哥哥，他把牛奶都留给了弟弟，弟弟喝光了所有的牛奶，而他却收获了最多的快乐。

英国有句谚语："赠人玫瑰，手有余香。"

这句话就是对这个故事的最好注脚。

我相信，能深刻理解这句话的人，在生活中一定是一个经营关系的高手，他既舍得付出，也不会随意剥夺他人付出和给予的快乐。

也就是说，在他陷入困境，需要帮助的时候，他不会被不好意思捆绑住，而是会坦然地寻求他人的帮助。因为他知道，看似是他在麻烦别人，但对方也能通过给他提供帮助获得一种成就感。

所以，何乐而不为呢？

几年前，我跟两个女孩合租了一套房，后来，因为工作变动，她俩准备搬出去。其中一个女孩性格比较内向，不爱麻烦别人，凡事总是亲力亲为。

记得当时她的东西比较多，一共整理出了十来个大箱子，每天像蚂蚁搬家一样，陆陆续续花了好几天才把东西搬完。

看着她跑来跑去满头大汗，我对她说："你干脆叫几个朋友帮你搬家吧，人多力量大，你也轻松一点。"

但她却说："还是不要麻烦别人了，我自己多花点时间没关系。"

就在这时，她接到一个朋友的电话，对方得知她在搬家后，立刻表示要帮她，可她还是微笑着拒绝了："你不用来，没事的，东西也不是特别多。"

朋友不听，执意要帮她，她只好撒谎："我已经叫了搬家公司了。"

她一再拒绝朋友的帮助，在一旁的我，似乎都能透过电话，听到她朋友的心碎声了。

与她相比，另一个女孩显然更放得开一点。东西还没开始收拾，她就忙着挨个给身边的朋友打电话："亲爱的，今天有时间吗？我忙着搬家，好累哦，你可不可以帮帮我？"

一连打了十来个电话，有好几个朋友说没空，但也有四五个朋友爽快地答应了。最后，只花了短短半天时间，朋友们就帮她把所有的东西都搬走了。

我一直观察帮她搬家的那几个朋友，有男有女，个个笑容满面，手脚麻利。从他们身上，我看不到丝毫被麻烦的不爽和怨气，只有一种发自内心的满足和愉悦。

原来，能够关爱别人，能够帮助别人，真的是一种福气，一种幸运，一种快乐。与人相处，懂得尊重对方付出和给予的快乐，也是我们需要具备的高级情商。

朋友莎莎曾在我面前数落她老公，说他喜欢乱花钱给自己买礼物，有一次，竟然花了好几百买了一套内衣送给她，结果被她劈头盖脸地骂了一顿。

莎莎很痛心地跟我说："现在房贷、车贷、养孩子，哪样不花钱呀？他把买内衣的钱省下来，都够我们一家半个月的菜钱了。"

真好笑，在婚姻中，女人总喜欢抱怨男人不浪漫，可男人真浪漫起来，想对女人付出，想给女人惊喜，女人又嫌男人大手大脚，不会过日子。

我看莎莎就有点身在福中不知福，不就是几百块钱嘛，大大方方，甜甜蜜蜜地领了老公这番心意，让老公感受付出和给予的快乐，感情和婚姻才能长久。

作家巴金说过："生命的意义在于付出，在于给予，而不是在于接受，也不是在于索取。"

是的，现如今，有些传统老旧的观念急需被打破，我们不能再以刻板的眼光去看待人际关系中的施与受了，索取和得到固然让人开心，但付出和给予的快乐也不容忽视。

所以，当你觉得麻烦别人，会占用别人的时间和精力，从而打退堂鼓时，请别忘了，任何事情都是双向的，别人帮了你，也会获得等价的快乐和满足。

人生是公平的，有舍就有得，付出也是另一种拥有，与人来往，好意思麻烦别人，不随意剥夺他人付出和给予的快乐，或许才是利人又利己的最舒适姿势。

偶尔接受别人的同情有什么不可以？

> 接受社会支持能够帮助个体走出自卑、自责的负面情绪。

　　我们常常被教育，要成为一个富有同情心的人，帮助老幼弱小。懂得同情别人，也会被认为是一种优点。同时，我们隐约也能感受到，保持同情心很简单，但接受别人的同情却好像很难。

　　加拿大的几位学者甚至为此还做了研究，并将成果发表在《Mindfulness》上。研究显示，人们对于他人的关心和同情仿佛有一种天生的恐惧，甚至是抗拒。也是基于这种心理，当一个人害怕被同情时，他不会向家人或者朋友讲述自己的困境，更不会主动寻求任何支持和帮助。

　　管虎导演的电影《老炮儿》中，冯小刚饰演的六爷就是一个害怕被同情的人。

　　六爷年轻的时候是个混混，在北京城自己的一亩三分地也算是有头有脸的人物。他对兄弟们仗义，对陌生人也能尽地主之谊，唯独疏忽了对儿子晓波的管教。

晓波因为感情与官二代小飞起了争执，还刮花了对方的天价法拉利，因此，他被小飞关进了一家汽修厂。六爷想救儿子，得拿出十万。

一时拿不出这么多钱的他，只能到处借钱。在几位穷兄弟表示爱莫能助，只能略尽心意后，他又去找已经做了老板的兄弟"洋火儿"。

"洋火儿"知道六爷无事不登三宝殿，二话不说，拿出几万块钱。钱拿出来了，但六爷这边却抽筋似的不领情了，他撂下兄弟的好意，带着那又臭又硬的自尊心回了家。

最后，老相好"话匣子"给他送来一笔钱。山穷水尽的六爷无奈地接受了帮助，却如同小孩一般，将自家的房产证丢进了"话匣子"家。

老炮儿六爷自认为是个有头有脸的人物，尽管需要他人的帮助，却对接受他人的同情有着强烈的抵触心理。虽是电影，六爷的行为也解释了我们害怕被同情的几点原因。

为什么害怕被同情?

"示弱的就是弱者，而弱者是失败的"，这是许多人不轻易开口求助的原因。我们害怕承认自己是弱者，也害怕承认自己的失败。即便朋友主动向我们伸出了援手，我们有时仍然会感到不安，甚至有一种

"羞耻感"——仿佛自身被置于聚光灯下，别人的每一分关注都只会增加一分灼热。就像六爷一样，面对"洋火儿"热情的帮助，他心里不但没有感激，反而不是滋味。

害怕承认失败，这也是拒绝接受同情的祸首。

我们大多数人，直到成功之后，有了足够的信心，才会把失败的经历讲述出来。在成功之前，大家都不愿意谈论失败的经历，这等同于将伤疤揭开展示给他人看，遭受二次屈辱。

还是以《老炮儿》中的六爷为例，在"话匣子"借钱后，他将房产证扔对方家里，也似乎是在告诉自己的老相好：六爷我只是手头上没多少现金了，北京的房子，我还是有一套的。

害怕承认自己是弱者，害怕承认自己失败，说到底，还是自尊心和虚荣心在作祟。我们认为接受别人的同情就等于承认了自己的无奈，无力，无能，但从来没有一条公式给出过这样的证明。

人生总不会尽是坦途，总会遇上点挫折，所以每个人都可能需要帮助。以此来说，接受他人的帮助和同情是再正常不过的事情，与人的强弱无关，跟人生的成败更是八竿子打不着。我们接受同情，只是因为需要帮助和慰藉。

害怕被同情的人在面对困境时，往往会选择压抑自己的情绪。但情绪最终还是会爆发。在《老炮儿》的结尾，六爷独自拖着武士刀在冰面上向一群"敌人"发起"冲锋"的那一刻，是他情绪总爆发的时刻，也是他选择不要同情而结下的苦果。

长期压抑自己的情绪，不光会给自己造成巨大的心理负担，还会降低我们自身的述情能力。没有这种能力，我们会逐渐对自己和他人的情绪感到冷漠，并产生严重的交际障碍，最终影响与他人之间的关系。

改变难免会有阵痛。对当下的你来说，内心的担忧和害怕可能还是会让你拒人于千里之外。但如果可以，你不妨试一试，在下一次感受到别人的同情时，去接受它。

接受别人的同情，并不是承认自己的失败或者无能，而是获得社会支持的一种必要途径。什么是社会支持？它是指来自社会各方面，包括父母、亲戚、朋友等给予的物质或精神上的帮助和支持的系统。

作为个体，我们都能感受到社会支持的巨大作用。它能帮助我们应对生活中遇到的挫折，使我们尽快从逆境中恢复。而且，接受社会支持能够帮助个体走出自卑、自责的负面情绪。

有时候，我们也不得不承认，正是因为有了亲人、朋友的关心和爱护，我们才能够感受到自己是安全的，是被爱着的。

更有意思的是，接受他人的同情也能够作用于双方的关系，让施予同情心的人能够感受到你积极正面的回应，让彼此的关系能够更近一步。

"我知道接受别人的同情是为自己好，可我就是没办法坦然接受啊！"

对于大多数人来说，同情、帮助、社会支持的重要性是不言自明的，但我们可能仍然走不出自我建立的牢笼。

如何克服被同情的恐惧呢？

如何才能不被自尊和虚荣干扰呢？

如何才能更加坦然地接受他人的帮助呢？

答案很简单——提升自我的同情能力。

我们不能总是把自己当成全知全能的"圣人"，强迫自己拒绝他人的任何帮助，而是要把自己当成一个有血有肉的普通人，能够认识到自己的不足，接纳生活中的挫折和痛苦。

只有接纳了自己，我们才能敞开心扉，让他人的暖心举动照射进来。

当我们不再为难自己的时候，就会发现，原来我们并不是因为"失败"或"弱小"才需要帮助和慰藉，而是因为"生而为人"，我们无法在孤岛上生存。

接受同情心不是一种自贬的行为，它不但能够提升自我价值，还能让别人也感受到他们在你这里的价值。

你麻烦过别人，别人才好意思麻烦你

> 关系也讲究"礼尚往来"。

　　人们常说，如果不想失去这个朋友，就不要问他借钱。

　　这话听着好像挺有道理，毕竟在我们身边，因为借钱闹掰，友谊的小船说翻就翻的事儿，太多了。

　　我承认，找朋友借钱确实不太好，可谁没有个手头紧的时候呢？

　　记得之前看过一期《奇葩大会》，高晓松在节目里回忆了一段往事。

　　他说在自己事业遇到瓶颈，经济很拮据，生活很落魄时，曾开口找朴树借十五万。

　　朴树当时还比较红，不爱说话的他，只回了高晓松两个字："账号"。

　　后来，朴树过气了，急需钱用，又对高晓松说了两个字：

"还钱"。

四个字就完成了一次借钱过程，在场的观众都忍不住哈哈大笑。从这四个字中，可以看出朴树是一个不爱说话，但对朋友又很仗义的人。

其实，他之所以愿意借钱给高晓松，很大程度上是因为高晓松也曾帮助过他。

当年，高晓松做音乐初期，认识了当时还籍籍无名的朴树，他很欣赏朴树的音乐才华，为了签下朴树，他和宋柯联手成立了麦田音乐公司，让朴树提前走上了唱作型歌手的道路。

1999年，朴树在出了第一张专辑后迅速走红，《白桦林》《那些花儿》《旅途》等歌曲备受欢迎，一下子传遍全国的大街小巷。

2004年，朴树制作的第二张专辑《生如夏花》也取得了很好的成绩，仅仅几天时间就上了各大排行榜的榜首，一周狂卖三十万张。

可以毫不夸张地说，高晓松是朴树的伯乐，如果没有高晓松的帮助，朴树的音乐事业不可能发展得那么迅速，也不可能取得这么大的成功。

直到现在，高晓松和朴树还是很好的哥们儿，不管遇到什么困难，他们都会互相帮忙，两人的感情也在互相"麻烦"中变得更加亲密、牢固。

生活中，很多人都不爱麻烦别人，可你不麻烦别人，别人在遇到困难时，又怎么好意思麻烦你呢？

关系也讲究"礼尚往来"，你只有麻烦过别人，别人才好意思麻烦你。

娜娜在国外待了很多年，思维和观念都很新潮，十分注重私人空间，不喜欢跟别人走得太近，所以刚回国那会儿，她还很不适应国内的生活。

她习惯自己的事情自己解决，这个习惯一直保持到她结婚生小孩。有一天，婆婆跟她打电话，说到时候来照顾她坐月子，并帮她带小孩。

对于婆婆的好意，娜娜直接回绝了，说她会找月嫂和保姆，不用麻烦婆婆。原本以为事情就这么过去了，可没过几天，老公就神色凝重地找她谈心。

老公对她说："我知道你不喜欢麻烦别人，但妈妈年纪大了，渴望为子女付出，也想着以后她有个头疼脑热的，我们也能对她有个照应。"

但娜娜还是有点不理解，因为她从来没有想过不管婆婆，如果婆婆以后遇到了困难，他们夫妻俩一定会出钱又出力。

这是娜娜的想法，可对于婆婆来说，儿子结婚了，有了自己的小家庭，以后她有地方需要儿子帮忙，是不能随意使唤儿子的，必须要顾及儿媳的感受。

为了让自己心安，她想先对小家庭付出。

俗话说，吃人家的嘴软，拿人家的手短，人人都是如此，谁也不喜欢亏欠别人。当一个人接受他人给予的东西时，会油然而生一种亏欠感，希望有一天自己也能回报别人，把这个人情还回去，好让彼此的关系保持一种平衡。

这在心理学上叫互惠原理。

经过跟老公的一番交谈，娜娜终于理解了婆婆的真实想法和感受。第二天，她就给婆婆发微信，恳请婆婆以后照顾她坐月子，并帮她一起带宝宝。

婆婆听了特别高兴，激动得眼泪都快掉下来了。

所以，你看，麻烦别人并不仅仅是为了自己，同时也是为了成全别人。

有一次，文艺圈的几个朋友聚会，大家一起吃饭，聊天，唱歌，嗨到不行。晚上快12点了，有的朋友实在撑不住了，就陆陆续续告辞，回家睡觉。

其中有一个朋友阿翔是开车来的，可他喝了好几瓶啤酒不能开车，于是，热心的阿铭就主动提出送他回家，阿翔说："你有点绕远啊，我还是不麻烦你了。"

阿铭摆摆手，示意他不要客气，我在一旁也帮着劝道："阿翔，人家阿铭愿意送你，你就不要推辞了，你再推辞，他下次要是遇到困难想找你帮忙，也会不好意思开口的。"

阿翔一听这话，立马就释然了，他大大方方地坐上阿铭的车："出发吧，我家有点远哦，估计要一个小时才能到。"

一个小时就一个小时，阿铭根本不在乎。一路上，他跟阿翔有说有笑，时间很快就过去了。把阿翔安全送到家门口后，阿铭就驱车回自己的住所了。

后来，阿铭因为工作需要找到阿翔，请他帮忙设计一本书的封面。这对阿翔来说并不是什么难事，加上上次他麻烦过阿铭，所以这次他也很想帮阿铭这个忙。

只花了短短一天的时间，阿翔就把封面设计出来了。他把封面发给了阿铭，阿铭看了后感觉很惊喜，很满意。

为了表达自己的感谢，阿铭撇开其他朋友，单独请阿翔吃饭。

就这么一来一往，你麻烦我，我麻烦你，两人走得比之前更近了。

现在不管有事没事，他们都经常把对方叫出来吃饭，喝酒，闲聊，感情好得真是让身边的人羡慕。

　　有时候，真是不得不感慨，人与人之间的感情都是"麻烦"出来的。

　　只有互相麻烦，才能走动频繁，只有走动频繁，关系才能由远到近，由疏到亲。

　　所以，一个人要想拉近自己跟别人的距离，最好的方法就是去麻烦别人。

　　麻烦别人也是一种情感交流，只有麻烦过别人，别人才会有更大的可能来麻烦你，你们之间的关系才会越来越铁，感情才会越来越深。

学会向人求助，
和谐人际关系的助推器

麻烦别人不是让你去做"伸手党"，
把生活和工作的希望都寄托在他人身上是一种愚蠢的想法。
一个成熟的人，知道怎样做才不会让"麻烦"变成"添麻烦"。
所以，麻烦也得有原则，也得有分寸。
如果你连如何恰当地麻烦他人都做不到，
又怎能维护一段得体的关系呢？

别人没有义务为你的懒惰埋单

> 己所不欲，勿施于人。

　　有句话叫："在家靠父母，出门靠朋友。"原本这句话的意思是说，一个人的力量有限，谁都有需要帮助的时候，所以适当地依靠别人是很有必要的。

　　可有些人却误解了这句话，不管是工作中还是生活中，他们一点力气都不想出，只想把全身的重量都压在别人身上，好让别人背着自己前进。

　　生活中，你或许见过不少这样的人。

　　"我的作业还没写完，把你的作业借给我抄一下呗。"

　　"你去食堂吃饭啊，那给我带份红烧排骨吧。"

　　"那个软件怎么用啊？你教下我呗。"

　　"你告诉我，这个英语单词是啥意思啊？"

　　"你帮我复印下这份资料好吗？"

　　……

明明都是一些很简单的事情，只要花一点时间，自己就能独立完成，可有些人却偏偏要去麻烦别人，让别人为自己的懒惰埋单。

这样的人在人际关系中无疑是很不受欢迎的。

他们就是典型的"伸手党"，骨子里毫不自立，依赖性极强，总想着不劳而获。

他们滥用求助资源，完全不把别人的时间和精力当回事儿，别人看到他们，心理上会反感、厌恶，行动上则会有多远躲多远。

有个初中同学前一段时间找到我，说她有一个文学梦，想让我教她写文章。

我这个人向来好为人师，二话不说，立马就给她搜罗资料，包括一些经典的书籍，还有几个我常关注的公众号。

我对她说，磨刀不误砍柴人，你先别急着去写，前期多花点时间阅读。

本以为自己做了好事，功德无量，颇有些洋洋得意，可接下来她问我的问题，以及向我提出的要求，却让我恨不得把时钟倒拨，从她找上我的那刻起就冷漠地跟她说"不"。

她摆出一副迷惑不解的表情说："你这些书都是上哪里买的啊？还有你给我推荐的公众号，我怎么才能关注呢？要不，你干脆直接告诉我怎么写文章吧！"

真的，我自认为阅人无数，平时也见过不少喜欢偷懒的人，可像她这么懒惰的人，我还是头一次碰到。

你说，我都给她开出书单了，只要她勤快点，迈开腿，随便去一个实体书店，就能找到自己想要的书籍。要是实在不愿意跑书店，不是还有当当网、淘宝网、亚马逊等购物网站吗？难道她连动动手指头都做不到吗？

什么都不愿意干，只想坐享其成，对于这样的伸手党，我只想把她打包送给她爹妈，谁爱给她使唤谁赶紧去，我可没有义务惯她这个臭毛病。

所以，她问的问题我一个也没有回答，同时，我也懒得骂她，直接关门送客，世界立马清净了，我的心情也顿时舒畅了不少。

曾听过一个笑话：

有一天，华盛顿总统问秘书："我不太明白，为什么英国很多阶层的男士都可以叫绅士？官员可以，律师可以，医生可以，甚至无业的人也可以。那绅士到底是什么意思呢？"

秘书花了两个多小时去调查了解，回来跟华盛顿先生汇报说："给您查到了，绅士就是不给别人添麻烦的人。"

我们说好关系是麻烦出来的，并不是说你可以肆无忌惮地麻烦别人，有些事情如果你能毫不费力地解决，就请你自己独立完成好吗？

这个世界上确实有很多乐于助人的"活雷锋"，但这并不代表你可以随意挥霍别人对你的好心和善意。

举个简单的例子，你不小心摔了一跤，别人好心拉你起来，是为了让你站稳，好继续走下面的路，不是让你放纵自己的懒惰，从此赖在对方身上。

如果有人这么对你，你心里难道会好受吗？孔子说："己所不欲，勿施于人。"这么简单的道理，我想你不会不懂吧？

记得当年大学毕业，我想考研继续深造，于是就去网上搜集相关信息。我在各大论坛闲逛时，无意中看到了很多奇葩的帖子，发帖的人无一例外都是一些不肯动手去检索，只知道张口就问的懒汉。

"XX大学跟WW大学哪个更好一点啊？"

"XX大学WW专业怎么样？"

"XX大学WW专业的分数线是多少呀？"

……

在我看来，这些问题随便百度一下就能得到答案，根本不需要去问别人，也不值得浪费别人的时间和精力。

可有的人就这么懒，张嘴问，伸手要，已经成了他们的习惯，他们以为只要自己问别人，找别人要，别人就一定会满足自己。

当然，一次，两次，也许别人会帮你，但次数多了，别人肯定会很烦你，就算他嘴上不说，心里也一定会瞧不起你。

谁会瞧得起一个永远瘫坐在地上，等着别人去搀扶的人呢？好歹你也要自己使点力气啊！

做人的基本尊严都不要了，就别怪别人看不起你了。

一个有自尊心，爱惜自己名誉，珍惜自己羽毛的人，从来都不是一个索取成瘾的人。遇到问题，他首先会看自己能不能解决，实在不能解决，才会去麻烦别人。

这种"麻烦"是合情合理的，别人通常都不会拒绝，也不会有任何负担。

最近，公司来了位新同事，是个年轻的帅小伙，人非常勤快，也很好学，有什么不懂的、不会的，他都会先花时间自学。

他一边自学一边实践，然后把那些不懂的难点记录在本子上，最后再虚心地请教公司的前辈。

他请教的时间也选择得特别好，一般都是大家休息放松的时候，绝不会在别人忙得不可开交时打扰。

这种做人做事的方法让他一下子俘获了所有人的心，大家都很乐意帮助他，一点也不觉得他给自己添了麻烦。

我想，这大概就是"自助者天助之"吧。

当你积极地为自己的人生负起责任，在遇到困难时，你总能得到别人的帮助，反之，如果你自己不努力，只想别人对你的人生负责，那你迟早要为自己的懒惰付出更高的代价。

向别人求助，要有界限感和分寸感

> 划定界限，拿捏分寸，是为了更好地打开别人这把锁。

一次大学同学聚会，大家聊起了刚参加工作时碰上的奇葩人和奇葩事。老班长大刘跟我们讲了这样一件事：

毕业后，大刘去了湖北的一家国企工作。在那儿待了不到一个月，大刘就因为工作环境原因而辞职。跟他一起辞职的还有一个应届生，这个人的老家是重庆，情况也跟大刘差不多。

大刘是在写完辞职信后才知道还有个伙伴要和自己一起走的，两人约在外面吃了顿饭，相谈甚欢。大刘是四川人，川渝不分家，方言也能搭上话，再加上又都刚毕业，还共事过一段时间，大刘说"感觉这人会成为我很好的朋友"。

两人在离职那天又约了顿饭，反正人都走了，也无须顾及什么情面了，大刘跟这个同事把公司怼了个遍。

"人心就是这样，当你发现另一个人也对公司心存不满的时候，你心里岂止是感动，简直要把他搂怀里称兄道弟了。"大刘也知道，两人认识不过十来天，之前完全没有交集，之后也得看缘分了。

回到老家成都后，大刘忙着找工作，两人有一茬儿没一茬儿地在QQ上聊过，本来就只是"露水同事"，工作、生活又没交集，两人自然就生疏了。

大刘是这么想的，但对方好像不这么认为。

在成都找到工作后不久，大刘就接到对方的一个电话。本以为对方是来热情地联络感情，没想到却是一个借钱电话。

同事说，他在重庆还没找到工作，想问兄弟借五千块钱还信用卡。

大刘蒙了。

"是蒙了呀，我有没有钱是一回事，关键是我跟他的关系还没那么好吧，这一个电话过来就是借钱，数目还不小，你们能同意吗？"饭桌上大刘问我们。

但在接那个电话时，他却不好意思这么说，只是略带歉意地告诉对方，自己也才找着工作，房租、生活开销不小，根本腾不出钱来。

对方也不懊恼，两人还是客气地结束了通话。

"你们以为这就完了？"讲到这里，大刘说，"这才是奇葩事的开始。"

　　三个月后，这个同事又给大刘打来一个电话，还是借钱。大刘身上本就没钱，所以拒绝得比较干脆。这次通话后，大刘觉得，两人的关系应该是彻底完结了。

　　可他哪儿算到，这之后，对方竟然还打来两个电话，也都是借钱。在最后一个电话里，大刘忍无可忍，数落了他一顿，愤愤地挂断了电话。

　　此后，两人再没联系。

　　听大刘讲完这件事，几个同学附和说，这种人多了去了，他们也遇见过，也不算什么坏人。

　　在我看来，同学说得没错，这位找大刘借钱的同事可能还真不是什么坏人，他也可能真的需要别人的帮助。只是，事有轻重缓急，人有远近亲疏，他在向大刘求助时，明显有些失了分寸。

　　在大刘眼里，他只是一位认识不久的普通朋友，他可倒好，一个电话过来就是借"巨款"。他每一次借钱都是在两人关系的禁区蹚雷，可怕的是，他还一口气蹚了四次。

　　两个人关系的深浅就如同一根绳子的粗细，直接决定其上可以承受的物品重量。

　　美国麦凯信封董事长哈维·麦凯将建立人脉关系的过程比作挖

井。寓意很简单，时候不到，这口井是一滴水也不会涌出来的。

　　而我们很多人对此却不以为意，觉得只要是朋友，都可以帮忙。这想法当然没错，就拿普通朋友来说，向他打听一个人，请教一个问题，这都可以。但"麻烦"如果再大点，就拿借钱做例子，你打开自己的手机通讯录，手指一路翻下去，这些人都可以开口求助吗？

　　这就是我们要说的"界限感"和"分寸感"。

　　我们可以简单地把界限感比作圈子，每个人都是活在圈子里的。最里面的圈子可能是至亲的家人，外面那一环是特别要好的知心朋友，再往外则是普通朋友、同事，然后层层递出。

　　不管我们承认与否，这套圈子划出来的界限就是我们为人处事的准则。我们可以在至亲面前毫无保留，我们面对知心朋友也能尽心尽力，再往外，关系打了折扣，我们能付出多少也就打了折扣。

　　正因为如此，在向他人求助之前，我们至少得大致清楚自己在对方的圈子里身处哪一环。没有界限感，自然就容易乱了分寸，坏了关系。

　　有人说"不能交浅言深"，其实就是为了避免界限感和分寸感缺失带来的关系困惑。两人关系还没好到"言深"的份儿上，看似真诚的话也就变得用力过猛。

　　每个人都需要帮助，人与人之间的关系也的确能因为互助而变得更好。只是我们也必须清楚，求助需要界限感和分寸感，哪怕是父母，我们都不能要求他们为我们做所有事，更何况是朋友呢？

在没有评估出双方关系的界限感和分寸感之前，你的求助就可能会让对方感到不适、尴尬，甚至是愤怒。

对方与你见过几次面，聊得也很愉快，你到他的城市来，可以麻烦他请你吃本地特色菜，或者带你到处看看，但你不能让他一直做你的导游。

因为此时你们的"关系绳"还提不起这么大的一个"麻烦"，这口井也还没挖到可以让你予取予求的份儿上。

划定界限，拿捏分寸，不是给我们自己上锁，而是为了更好地打开别人这把锁。

一个聪明的人是有自知之明的，他知道自己一定无法独自生存，总有需要别人帮助的时候。但同时，他也会是一个得体的人，知道自己遇到哪些麻烦该去求助哪些人。

而那些被求助的人也不会感到有多么麻烦，因为他的求助总在对方的意愿范围内，没有唐突，也不突兀，就像是一次恰到好处的情感交流。

用钱能解决的事情，尽量用钱解决

> 人与人之间的情谊远远比钱包里的钞票更重要。

做一件事情，很多人都想花费最少的时间、精力和金钱，于是我们常常会听到这样的求助声：

"你不是学中文的吗？帮我写个演讲稿吧。"

"你英语不错，给我翻译一下这篇文章呗。"

"你最近是不是要出国？帮我代购一个包包吧。"

"我的房子要装修，你给我设计下呗。"

......

这些请求说大不大，说小也不小，别人一旦答应帮你忙，也是挺花时间和精力的，而现代社会，工作和生活的节奏很快，每个人的时间和精力都很宝贵，都能折算成金钱，所以到最后，别人的损失往往也很大。

　　对于这种情况，我的建议是，如果你的问题能用钱解决，就尽量用钱解决，不要随便去麻烦别人，占用别人的时间和精力，平白给别人的生活添堵。

　　去年冬天，我跟男友从他老家出发，坐高铁回我家过年，下了高铁后，我们才发现回家的车已经没了。当时男友跟我说："你姐夫最近不是买新车了吗，要不咱们给他打个电话，让他开车过来接我们？"

　　我摇摇头说："这么远的路程，他跑一趟多麻烦呀，我们还是打车回家吧。"

　　男友听了有点不高兴，"他是你亲姐夫，一家人互相帮忙不是很正常嘛，你干吗那么见外啊？"

　　"你说得可真轻松，你知道来回一趟要花多长时间吗？要是他路上出了事怎么办？能用钱解决的事儿都不叫事儿，给别人添麻烦才叫不懂事儿。"

　　"好吧，好吧，你说的对，我听你的。"男友最终还是被我说服了，他在高铁站附近叫了一个滴滴，花了两百块钱让司机把我们送到了家门口。

　　回到家后，姐姐告诉我，姐夫这两天工作太辛苦了，精神状态一直不太好，现在还在床上睡觉呢！

听了姐姐的话，我立马看了男友一眼，他不好意思地低下头。

你看，幸好我当时没给姐夫打电话，不然，以他的性格，肯定再累也会开车去接我俩。说实话，我可不想背负这种愧疚感，真是万幸，万幸。

曾听过这样一句话："当今社会，90%以上的问题都可以用钱来解决。"

仔细想想，确实是这样，由于社会分工越来越细致，只要我们愿意出钱，就能买到相对应的服务，比如想吃饭，可以叫外卖；马桶堵了，有专业的疏通人员；想搬家，就找搬家公司；买东西，赶紧上淘宝；就连网费和水电费，都可以在网上交付。

看到没有，这些事情都是轻而易举就能办到的，完全不需要麻烦任何人。

你想要什么，就花钱去买，不要让别人代劳；

你想吃什么，就花钱去吃，不要总想蹭别人的饭；

你想做什么，就花钱去做，不要让人给你做白工；

你想去什么地方玩，就花钱住酒店，不要总想着去借宿。

是的，用钱能解决的事情，请尽量用钱解决，只有这样，你才能不给别人添麻烦，你才是一个真正有教养的人。

人与人之间需要互相尊重，互相体谅，敬人者，人恒敬之，爱人者，人恒爱之。生活中，不随便给人添麻烦的人，才能得到他人的喜爱和尊重。

以前的同事小A最近遇到了个难题。

她在一家教育培训机构当老师，每天都要准备课件，工作很忙碌，只有下班了才有时间放松一会儿，可以读读书，追追剧，玩会儿游戏。

小A的性格比较文静，不爱社交，她经常联系的只有两三个朋友，其中一个是她的大学同学蕾蕾。

蕾蕾是一个很活泼的人，非常贪玩，读书很不上心，经常逃课出去逛街，然后让小A帮她签到，当年的毕业论文还是小A和她一起完成的。

参加工作后，蕾蕾并没有"放过"小A，一有烦心事就抓着小A吐槽。小A每次都认认真真地听她说，时不时地还安慰她，给她加油打气。

有好几次小A正在看电视剧放松心情，蕾蕾的电话就直接打过来了，一吐槽就是一两个小时，中间都没有给小A插话的余地。

结束通话时，夜色已经深了。小A很是苦恼，唉，想看的电视剧还没看完，又该洗洗睡了。

然而，这还不是让小A最为难的，毕竟听朋友吐槽只需要坐着，并不是太累，最让小Ａ受不了的是，蕾蕾经常拿工作上的事情麻烦她。

PPT不会做，让小Ａ帮她做；演讲稿不会写，让小Ａ帮她写；视频不会剪辑，让小Ａ帮她剪。就连换工作重新弄简历，也让小Ａ帮她弄……

小Ａ在微信上跟我说："你知道吗？很多时候，我真的以为自己在做两份工作，可每个月银行卡上的数字却告诉我，我只拿了一份工作的薪水。"

啧啧，又是一个过度消费朋友、透支友情的人，明明这些事情都可以花钱请专业的人士处理，有的人却偏偏要去为难朋友。

讲真，像蕾蕾这种舍不得花钱解决问题，三番五次给朋友添麻烦的人，迟早会耗尽朋友对她仅存的好感和耐心，因为没有人愿意被一个人无底线地使用。

过了几天，小Ａ告诉我，她拒绝了蕾蕾的求助，蕾蕾生气了，指责她不够朋友，而她也不想再多费口舌，直接把蕾蕾拉黑了。

干得漂亮！我为小Ａ喝彩。

同时，我也告诉她，如果有朋友因为你的拒绝而翻脸，那你该庆祝这段糟糕的关系终于结束了。因为在这段关系里，你永远处于下风，被索取成瘾的人殖民到底。所以，这样的朋友少一个是一个，挥挥手，敲锣打鼓赶紧送她走。

　　但愿所有人都能明白，活在这个世上，人与人之间的情谊远远比钱包里的钞票更重要，钱没了，还可以再挣，情谊失去了，可就难挽回了。

　　所以，在遇到问题时，头脑聪明的人都不会轻易去麻烦别人，他们首先会评估这个事情能不能用钱解决。用钱能解决的事情，他们从不会给别人添麻烦，不能用钱解决的事情，他们也会在麻烦别人后，给以回报。

可以麻烦别人，但不能故意占人便宜

> 不把他人的善良当作自己过度索取的筹码。

　　周末，和闺蜜小西一起逛街。

　　我的工作很有弹性，不用朝九晚五地坐班，而小西不一样，她在一家文化公司上班，每周只有这么一天假期，难得凑一块儿，我们商量着去吃顿火锅。

　　还没找到火锅店，小西那边就接了个电话。是与她合租的室友打来的。外面很吵，小西开了免提，我也听到了她们的对话。也没什么事儿，小西的室友让她回去的时候给她带一杯烧仙草，要原味的。

　　挂断电话，小西却一脸愠色，还没等我开口问，她就发起了牢骚："就知道让别人带东西，有手有脚的，自己下楼去买呀，离奶茶店不过几步路。"

　　"西西，只是帮忙带杯奶茶，别生气了，气饱了待会儿吃火锅可就便宜我了。"我怕她真生气了，连忙说了句话缓和气氛。

"唉，你是不知道我这个室友是个什么人，如果真是带杯奶茶那就算了，毕竟我平时也没少麻烦她。可你知道吗，她这人特别爱占便宜，算上这回，我已经帮她带了五六次奶茶，没一次给过钱。"

我一时语塞。

"我是不好意思要，但她怎么就好意思不给？虽然每次就几块钱，但次数多了，真让人觉得没劲。"

我知道，小西是个善良的姑娘，她愿意帮助别人，而且也不是那种小气的人。我们刚认识那会儿，我有个稿子来不及修改，她给我帮忙，花了两三天才弄好，我要支付她一些费用，她硬是不接受，最后没办法，我只能改送礼物。

问题出在她的室友那儿。

就像小西说的，带杯奶茶是小事儿，室友在麻烦小西的同时，又占她的小便宜，这才是让她炸毛的地方。

我们身边的这种人并不少：

同事向你请教问题，你告诉他们方法了，还不够，他们又让你帮忙去做；

朋友拜托你跑个腿，明知道有要花点小钱的地方，他们装傻充愣；

亲戚到你家里借住两天，走的时候顺走了你家小孩的一个玩具……

再好的脾气，也会被这种"既帮忙又出血"的闹心事给堵成火药桶。而关系，也会因为这种情况而成为"麻烦"。

当别人帮助你的时候，你心里应该清楚，只要对方伸出了援手，再微不足道，那也是一份人情。我们社会的规则向来赞许那些涌泉相报的人，而不是索取无度的人。

但现实生活中，就是有这样的人存在。

在微博上看到过这样一则新闻：

某年，杭州新开了一家"爱心包子铺"，店主善心爆棚，承诺每天准备定量的免费包子，资助那些生活困难的人。

令她没想到的是，她的这份善举最后却难以为继。

不光有贪便宜的人钻空子，那些真正得到帮助的人也开始得寸进尺。有的人觉得两个包子太少了，想多拿几个，有的人分几次来取，更有甚者，直接要求老板将包子折现，只要钱不要包子。

两个月后，这家"爱心包子铺"只得落寞地关门。

麻烦别人是人情，占小便宜是无情。没有一种关系能够经受住这种无休止的人情透支。

试想，一个人都已经向你伸出援手了，你还要"以怨报德"，占对方的便宜满足自己的贪心，这与被东郭先生救起的那只狼又有什么区别呢？

是的，人性的贪婪总是存在的，它是天主教中人类的七宗罪之一，也是破坏人际关系的罪魁祸首。许多人在已经得到帮助的前提下，往往控制不住自己的贪心，把他人的善良当作自己过度索取的筹码。

他们可能会觉得，咱们是朋友，你既然愿意帮我了，为什么不多帮一些呢？

可问题的关键从来就不是"多"与"少"，而是"该"与"不该"。

举个很简单的例子：一位新人入职，有许多东西要去学，此时，他需要的帮助是"学习"。向同事、上级请教，这也是情理之中的事情。多问一问，不但能快速熟悉工作，也能使同事之间的关系更加紧密。

试想，如果他除了问之外，还要求别人为他分担一部分工作，这是应该的吗？当然不是，因为工作是每个人分内的事情，没有人应该为其代劳。

看到别人愿意帮助自己，就产生一种错觉，认为多索取一些、多要求一些没有关系。这种得寸进尺的心态说到底还是因为不懂人心。

　　每个人都有原则和底线，就算你侥幸占了一次便宜，下一次，你可能非但没有便宜占，甚至连求助都没人搭理。

　　哪怕你不是一个喜欢占小便宜的人，也得在麻烦别人时，问一问自己，我的这个要求是"该"还是"不该"，是不是过分了一些？因为我们常常会因一时疏忽或大意，对自己的行为认识不清，进而误伤这段关系。

　　所以，"该"与"不该"是麻烦别人的一条红线，越过去了，就等于蹚进了关系的雷区。如同我的闺蜜小西的遭遇一样，她的室友可以请她帮点小忙，但不能既让她帮忙，又让她出钱。因为一点小便宜就越过红线，那这关系迟早会出现严重的裂痕。

　　除此之外，每个人都应当对他人的帮助心存感恩。在这个世界上，除了至亲，有多少人能给你无条件的帮助？意识到这种难能可贵的感情，我们自然应该更加珍惜这段关系，绕开那些可能会伤害对方情感的不愉快。

别人帮你是情分，不帮你是本分

> 别用情感绑架他人。

收到别人送的礼物，人的第一反应应该是很开心，很感恩吧，可世上偏偏就有这么一群缺乏教养的人，他们非但不感激别人的赠予和帮助，还反过来向送礼物的人提诸多不合理的要求。

前一阵，看过一则新闻，广东湛江企业家陈先生斥资2亿在家乡官湖村建造258套别墅，准备无偿送给各位父老乡亲。

当时，一期工程已经完成，可容纳138户家庭入驻。

原本这是一件天大的好事，可村民们却因为分配的问题闹了矛盾。

有的村民说子女已经结婚，希望能再多要一两套；有的村民户口早已外迁，也厚着脸皮要求分房；甚至还有村民表示，如果要拆旧房建二期工程，除了按计划给他们分配别墅，还要给予额外的赔偿……

　　这么多千奇百怪的要求，陈先生当然无法全都满足，于是有的村民就心生怨恨，开始闹事，"哼，我不能拥有，你们也别想拥有"，狠劲一上来，他们甚至不惜砸掉已经建成的别墅。

　　你说，这群村民脸大不大？别人好心送别墅给他们，生活配套设施应有尽有，他们却还不知足。我要是陈先生，一定把别墅统统收回，谁也别想住进去。

　　这年头，总有些人不识好歹，把别人的付出当成理所当然，殊不知，不管别人给你什么，帮你什么，都不是他应该做的，必须做的，而是可做可不做的。

　　某天，有个网友跟我抱怨，他刚换了一份新工作，有很多东西还不太懂，但是公司的老员工都对他爱搭不理，不肯教他东西。

　　他说："这些人太没人性了，就不能热心一点，帮帮我吗？"

　　我听了很惊讶，立马回他一句："拜托，人家没有义务帮你好不好！"

　　但他却反问我："帮帮新来的同事不是举手之劳吗？干吗表现得那么冷漠啊！"

　　"举手之劳？等等，朋友，你是不是搞错了？这个词难道不是给予帮助的一方才有资格说的吗？你一个求助者，怎么好意思拿它来对别人进行道德绑架呢？"

知乎上有位网友说的很好："举手之劳明明应该是我帮完你，你感谢我的时候，我自谦和你客气客气说，'还好啦，不过是举手之劳嘛。'你上来就说我是举手之劳，拜托，你会不会唠嗑？"

是啊，天下从来没有免费的午餐，职场尤其如此。所以，我想告诉那位网友："公司的老员工可以帮你，也可以不帮你，帮你是情分，不帮你则是本分。"

还有个网友跟我吐槽，说他最近生了一场大病，经济非常拮据，找一个有钱的朋友借钱，竟然被拒绝了，他很生气，当面指责那个朋友冷血无情，是一个一毛不拔的葛朗台，没想到对方竟然直接把他赶了出来。

从上学起，老师就教导我们要学习雷锋，助人为乐，我承认，帮助别人确实是一件很快乐的事情，也是一种传统美德，可我们不能忘了，这种帮助应该出自当事人自愿，而非被要求，被强迫，被道德绑架。

就像那位网友，朋友拒绝借钱给他，他有受伤的感觉很正常，他可以生气，也可以不高兴，甚至还可以在心里偷偷骂上几句，但是他不能指着别人鼻子骂。

毕竟，别人再有钱，那也是人家自己的，愿不愿意借给他，都应该由其本人做主，而轮不到他这个局外人来"慷他人之慨"。

如果他连这么简单的道理都拎不清，就别怪别人把他往外轰了。

其实，我之前也经历过这种"被强制帮忙"，一度把我气得够呛。

那次，我正紧锣密鼓地赶一本稿子，一个亲戚突然找上我，说老板交给他一个任务，让他写一个演讲稿，他知道我是中文专业毕业的，现在又从事文字工作，文笔应该不错，随随便便写个演讲稿肯定不费劲……

言下之意，就是我一定要帮他这个忙啰！

这要是我得空，心情也不错，兴许会答应他，可我自己正忙着呢，时间根本不够用，所以我想都没想就拒绝了他，还简单地陈述了一下理由。

我本以为，这件事情到此就画上句号了，可等我闲下来刷朋友圈才发现，事情还远远没有结束。这个亲戚在朋友圈发了一条动态，点名道姓地指责我，控诉我，讨伐我，说我"不念亲情，冷漠抠门，没有家教，令人寒心"。

说实话，看到这条动态时，我的脑子里一片空白，等我回过神来，已经有很多亲戚给我打电话、发微信，问我究竟是怎么一回事了。

听我讲述完事情的来龙去脉后，有的亲戚很同情我，有的亲戚则认为我没有人情味儿，不懂事儿，在他们看来，一家人就应该互相帮忙，所以，你再忙，也要抽空帮帮他呀。

看看，这就是典型的情感绑架。

我相信很多人都有过类似的经历。被"情感绑架"或是"道德绑架"后，有的人内心的愧疚感被触动，好像自己真的做了什么伤天害理的事儿，于是罔顾自己的真实感受，最终选择妥协，而有的人，比如我，却不甘心被赶鸭子上架，所以选择了反抗，坚定自己最初的选择不动摇。

最后，我把那个在朋友圈攻击我的亲戚拖入了黑名单，至于那些帮他说话，指责我没有人情味儿，不懂事儿的亲戚，我则通通以沉默回应。

曾看过一段话，现在想起来还特别解气，在这儿和诸位分享："人家为什么帮你？凭什么帮你？是你长得像吴彦祖，还是你亲爹是马云啊？就算你长得像吴彦祖，我也会告诉你，我喜欢的是金城武。"

是啊，我又没欠你，你凭什么非让我帮你？

真的，如果下次有人找你帮忙，还是一副理所当然、天经地义的样子，完全容不得你说"不"，又或是在你拒绝后对你破口大骂，四处说你坏话，我劝你千万不要妥协，因为有第一次，就会有第二次。

这种人欠的就是教训，你能拉黑就快拉黑，能离多远就离多远，这才是上上策。

如果态度不好，就不要找人帮忙了

> 高姿态不但于事无补，反而会令双方的关系恶化。

有这样一种人，哪怕是请人帮忙，也习惯用命令的口吻。好像在他们眼中，不是你帮了他，倒像是他帮了你一样。

一位出版社编辑在微信上找我，第一句话就是："青溪，有个稿子作者撂挑子了，你帮我修改一下。"

我跟她关系一般，合作过，但私下没什么来往。

这话让我感觉很不舒服。

"这稿子要得急吗？我最近在写另外一个稿子，怕耽误你时间。"为了不让她难堪，我觉得这样委婉些说更得体。

"没事儿，我这活儿比较简单，两三天就能搞定。你放心，改完就给你酬劳。"她不但没有从我的话中听出拒绝，反而要我牺牲手上的事情，去做她的活儿，这让我很是火大。

"我最近都比较忙，腾不出两三天的时间，你还是找别人吧。"回完这句话，我退出了微信。

其实就算再忙，两三天时间也还是挤得出来。令我拒绝的不是这个活儿，而是她说的那些话，像一道道命令，令人十分不悦。那种感觉就像是我欠了她什么人情一样。

找别人帮忙，自己反而成了大爷，传达给对方的是"我找你帮忙是看得起你"的态度，丝毫不顾及他人的感受，面对持有这种态度的人，我连跟她继续沟通的欲望都没有，更别说帮忙了。

命令式的要求之所以令人反感，是因为缺乏尊重。正常交往都需要尊重彼此，更何况还是在请别人帮忙。每个人都知道，找别人帮忙要客客气气的，不然就可能吃闭门羹。但在某些特殊的关系或情况中，人会很难端正求助的态度。

朋友涵最近给我说了件这样的事。

周末，涵在家里休息，玩玩游戏，刷刷微博，正忙着呢，突然就来了电话，是涵的部门主管打来的。

"你在家吧？昨天下班后，我把一个文件袋放在我的桌子上了，听小陆说，你家就在公司附近，这样，你跑一趟，给我拿过来。"

涵听完就不高兴了，心里暗潮汹涌。她跟我说，当时可不爽了，明明是找她帮忙，倒像是她什么工作没做好。

对方是主管，涵也不好拒绝，仔细问了问东西放在哪儿，拿到后送到哪儿，就不情愿地出门把这事儿给办了。

"整个过程，没感谢我一句，连声'辛苦了'都没听到，这是他的私事儿，又是周末，我顶着30多度的高温，跑得满头大汗，他跟个没事儿人一样，你说气不气人。"显然，这件事儿在涵心里是个坎儿。在她看来，主管完全不是在找她帮忙，那态度，就像是涵得了多大便宜一样。

"下次再有这种事儿，我一定拒绝。"涵大声地告诉我。

一些领导在请求下属帮忙时，为了不折损自己的面子，会摆出很高的姿态。这样做的目的，也是为了淡化"请求"，免得欠人人情。哪怕是一些跟工作毫不相关的"忙"，他们也不乐意放下身段。这就是我们说的特殊关系。

曾经，我误以为只有没有礼貌的人才会带着这样的态度向人求助，后来经历了更多的人和事，我渐渐明白，还有一种人，他们在正常交往中颇有礼貌，只是觉得麻烦别人就是矮化自己，还不愿欠下人情，于是真需要找别人帮忙的时候，就会裹上一点糖衣。

朋友何谦做了个公众号，运营两年多，逐渐有起色，他打算增加人手，就在朋友圈里发了个招聘广告，想找两个靠谱的兼职。门槛不高，在读学生也行，薪水开得还不错。

广告发出去不到两个钟头，就接到了一位老同学的电话，开口就说"要帮你一个忙"，弄得何谦一头雾水。

原来，老同学所谓的帮忙不过是给何谦推荐一个人。但这话说出来就变味了。

"你是不是急着招人。我老弟在武汉读书，也接触过公众号，让他给你打下手吧。"

对这番话，何谦也是暗自佩服，明明是你想给老弟找份兼职，让他挣点钱，怎么还成了帮我呢?

何谦并没有拒绝，只是说可以让他老弟来试试。但他已经下定决心：就算同学的老弟非常适合，也不能用。原因很简单，就那态度，用了就像是欠了同学的人情。

"其实，只要他客客气气地跟我提一下，不要说'帮我忙'这种话，哪怕是他弟弟不会做，我也愿意教一教，帮他这个忙。"这是何谦事后的感慨。

明明是有求于人，却碍于自己的脸面，摆出一副高姿态，最终吃亏的也只能是自己。

向朋友、同学开口求助，难为情是正常的，我们需要做的是克服这种难为情，而不是刻意去营造"我需要帮助，但我不欠人情"的姿态，这只会让人更加反感。

如果你的初衷是为了寻求帮助，就更应该摆出最恰当的姿态。因为高姿态不但于事无补，反而会令双方的关系恶化。

还有一种态度也非常可怕：找你帮忙很客气，只要你拒绝，他们的态度就会发生一百八十度的转变。

有一次，一位关系一般的朋友找我，她开口时的态度还是很好的："青溪，这几天要麻烦你帮我个忙。"

我问她："麻烦不？如果不麻烦，我可以帮你。"

"不麻烦不麻烦，但是可能要你到我家来一趟。"

可我当时没有时间去她家，所以我跟她实话实说："去你家可能不行，我最近不方便。"

她又央求了几句，但我真的是没时间过去，还是拒绝了。

她的客气打这儿就没有了，"什么嘛，就一点小忙也不愿意帮，又不是什么大老板，天天有这么忙吗？"

听完这话，我火冒三丈，直接挂断电话，末了给她发过去一条短信：我愿意在能力范围内帮你，这几天没空也没骗你，但你的态度太令人寒心，你自己好好想一想吧。

当你不尊重别人的时候，别人又怎么会帮助你？这也是我从这件事中得到的感悟。

有人将"好态度"狭隘地理解为在接受帮助后及时说声"谢谢"，在他们看来，一声谢谢就已经表明了自己客气的态度和谦卑的姿态。

我们从来都知道，与请人帮忙相比，"谢谢"两个字太容易说出口了。"好态度"的关键是，要一以贯之，不能前倨后恭，更不能因为被拒绝而恼羞成怒。

既然麻烦了，那就配合到底

> 配合别人善意的帮助就是我们应尽的义务。

2018年的现象级电影《我不是药神》中有这样一段插曲：

身患白血病的吕受益请男主程勇帮忙，到印度代购一种叫格列宁的抗癌药。程勇起初不答应，最后迫于生活的压力，还是答应帮吕受益这个忙。

程勇并不是白血病患者，他是在帮吕受益，更重要的是他想靠卖药赚钱。于是，他提出，在药物走私回来后，吕受益必须帮他一起卖药，否则他就不去印度。

为了拉程勇上船，吕受益同意了这个条件。

第一次走私，程勇买回了大量的格列宁，吕受益也如愿以偿地买到了低价药续命。可当程勇打算和他一起卖药时，吕受益却说，卖假药是违法的。意思很明白，他只是想买药续命，不是要卖药挣钱，更不想承担这个风险。

原本和善的程勇这下坐不住了，他从吕受益手中夺走格列宁，扔进了行李箱，并且对吕受益说："这是讲好的条件，不帮卖药，那你也没药吃。"

程勇倒卖救命药的合法性暂且不说，这个电影片段至少说明了一个道理：在别人答应帮助你后，作为求助人，你要尽量履行你该尽的义务。

举个简单的例子来说，你请朋友帮你买部手机，见面拿到手机再给他钱。如果朋友手机都买好了，正准备给你送过来，你突然说不要了，这让别人怎么想？

类似的经历我也有过。

我在知乎上认识了一位刚入行的小姑娘，她喜欢文字，平时也会写文章赚点零花钱。有一天，她拜托我帮她推一本小说，因为她人脉有限，找不到合适的出版社编辑。

我很喜欢这个小姑娘，答应抽空帮她投稿。为了避免一稿多投，我特地叮嘱她，等我一个月时间，这期间尽量不要再海量投稿，如果有人要她的稿子，她也一定要提前跟我说，以免撞车了。

小姑娘非常高兴，也保证不会再投稿。

我联系了几位出版社的朋友，把稿子发过去，耐心地等消息。第三周的时候，一位要好的编辑告诉我，稿子在社里通过，可以商谈出版事宜了。

我连忙把好消息告诉小姑娘。良久，她给我回复："呀，可是稿子我已经签出去了。"

我有些生气，问她："我不是提醒过你，有人要你的稿子，提前跟我讲吗？现在你让我怎么跟出版社的朋友交代？"

她连忙道歉，说忘了。

我也不好再说什么，出版社那边，也只能去道歉，毕竟耽误了他们的时间。

我非常相信，这个神经大条的小姑娘真的只是忘了我交代过的话，但她给我造成窘境也是事实，我好心帮她，怎么最后还要我跟别人道歉呢？

说好的帮忙条件，如果你不能做到，就不要允诺。如果只是为了让人答应帮忙就胡乱承诺，完全不去履行，那只会让人厌恶。

就像这位小姑娘一样，如果对我不放心，完全可以靠自己呀，又何必来麻烦我呢？既然麻烦了我，又怎么能大条到上屋抽梯，留我一个人难堪。

让帮你的人寒心，无疑会令你们的关系进入冰冻期。

诚然，时间在走，事情在变。没有人能够预料到下一步。这一刻你需要帮忙，下一刻你可能就不需要了。但在别人帮你的热心和事实发生变化之前，哪怕是你不需要帮助了，也要妥善解决因此给他人带来的麻烦。

如果只是麻烦别人借点钱，但你突然又不需要了，直接跟对方说一声，顺带着感谢一下就行，可是请朋友代买手机这种事，哪怕你已经不需要手机，这个钱也不能让朋友出。

的确，帮朋友忙，是不应该有条件的。但我们所说的条件，并不是一种谈判的筹码，而是你必须要为帮助你的人创造的条件。如果你麻烦了朋友，却连这一点都做不到，别人出力没结果不说，最后还下不来台。你又有什么资格找别人帮忙呢？

如果是我们开口求助，那配合别人善意的帮助就是我们应尽的义务。

当然，不同的忙有不同的帮法，不同的帮法需要的是不同程度的配合。哪怕是有特殊情况出现，你也可以做出最大限度的弥补。

阿亮从外地返回省城，正值春运，年关将至，下火车后，阿亮没买到回县城的汽车票。

着急回家过年的他给朋友张坤打了个电话，要张坤帮个忙，开车接他回去。

他和张坤一块儿长大，感情非常不错。尽管要开两个多小时的车，但张坤二话没说，马上就来接他。快到火车站时，阿亮打电话告诉张坤，自己临时有点事，要去省城姐姐家一趟。

张坤说："我这都已经到火车站了。"

阿亮很不好意思，连声说抱歉，他很快想好了处理方法："你要是不着急回去的话，咱俩在县城玩一天，等会儿我先请你吃个饭，你再跟我一起去姐姐家拿点东西，晚上你要乐意就和我一起住我姐姐家，不乐意咱们就找个好点的酒店住一晚，叙叙旧。你看怎么样？"

张坤欣然同意。

每一个对他人施以援手的人，都希望能够获得情感上的回馈，"白忙一场不落好"，这是任何人都难以接受的结果。

阿亮及时的补救既让张坤看到了他的真诚，又用另外一种方式表达了感谢，满足了张坤帮忙时的"内心动机"，张坤付出的热心得到了回馈，自然不会心生芥蒂。

没有谁的时间是为你一个人准备的，麻烦别人可以，别人为此白忙活了一阵，哪怕最后你不需要对方的帮助，至少要表达你的歉意和感谢。因为无论有没有帮上你，别人的付出都已经是既成事实。

谁的时间不宝贵？没有人是专门为你服务的，哪怕他是你最好的朋友。

无论别人答不答应，都别忘记说"谢谢"

> 一句简单的"谢谢"，就足以让人无悔自己的付出。

　　周末，朋友带女儿乐乐去她家对面新开的餐馆吃饭。她之前去这家餐馆吃过一次，吃完后赞不绝口，说菜好吃，量也大，上菜又快，关键价格还便宜。

　　餐馆老板人很是厚道，朋友点了一道招牌菜辣椒炒肉，等菜上来，发现里面全是瘦肉，一块肥肉都没有。

　　乐乐是一个很懂礼貌的姑娘，老板每端上来一道菜，她都会诚恳地说一声"谢谢"。最后总共上了四道菜，她也说了四声"谢谢"。

　　在她说完最后一声"谢谢"后，老板笑容满面地送了她一小瓶可乐，说奖励她讲礼貌，懂事儿，有素质，是一个乖孩子。

　　朋友事后跟我开玩笑，早知道，她也跟着乐乐说"谢谢"了。

　　谁不喜欢这样的姑娘呢？虽然说花钱吃饭，服务是包含在其中的，她并不欠老板，但她愿意对老板的服务表示感谢，还是会温暖对方的心，并博得对方的好感。

我也是一个很看重社交礼仪的人，每次麻烦别人，找别人帮忙，不管对方答不答应我，我都会端正态度，诚恳地向对方说一声"谢谢"。

别小看这两个字，很多时候，别人之所以经常愿意帮助我，就是因为每次我在获得帮助后，都会用这两个字来表达我内心的感激。

我感激他人的热心和付出，他人的热心才不会冷却，他人的付出才不会停止。

记得有一年，我半夜突发胃痛，疼得实在受不了了，只好厚着脸皮把合租的一个女生芬芬叫醒，拜托她陪我去医院打针。

芬芬被我叫醒后，非但没有怪我，还百般安慰我，说有她在，不要害怕。那个晚上，她一直陪在我身边，我渴了，她就给我倒热水；我困了，她就扶我到病床上躺下，还细心地给我盖好被子……

对她为我所做的一切，我心里好感动，当时不知道该怎么回报她，只能不停地说"谢谢"。每次我说"谢谢"，她都说"不客气"，可我还是能感觉到，我的每一声"谢谢"都让她的神情变得更柔软，她的动作变得更贴心。

我病好后，买了一份礼物送给她，并再次郑重地跟她道了谢。

她对我说，以后有什么需要帮忙的，尽管开口，千万不要跟她客气。

我也确实没跟她客气，遇到困难需要她的帮助，我都会第一时间跟她开口，她也非常乐意帮助我。

我想，这大概就是"谢谢"二字种下的善果吧。

很多人以为，"谢谢"这个词只是一个单纯的礼貌用语，但实际上，它的含义要深刻得多，它在人们的心中架起了一座桥梁。生活中，那些在麻烦别人之后，懂得及时致谢的人，才能走过这座桥，贴近别人的心灵。

一旦你成功地贴近别人的心灵，你就会成为他心目中的VIP，从此优先享有被其帮助、被其照顾的特权。

反之，如果你在麻烦别人之后，连一声"谢谢"都懒得说，那下一次，你就会出现在对方"不受欢迎的客人"的黑名单上。

前两天跟朋友阿伟闲聊，他说自己几个月前认识了一个新朋友，刚开始两人还挺投缘，可接触深了才发现，对方并不是一个值得交的朋友。

我问他是怎么判断的。他告诉我，那个朋友陆续找他帮过几次忙，可是每次事成之后都没有任何回应，这让他感觉很不舒服。

阿伟愤愤地说："我也没指望通过帮他忙，得到什么好处，可你用完我就变哑巴，过完河就拆桥，是不是有些不地道？你好歹也对我说一句'谢谢'不是？"

是啊，我也搞不懂，对有些人来说，说句"谢谢"真的有这么难吗？

要知道，每个人都很忙，如果有人愿意抽时间来帮助你，说明对方对你一片真心。虽然对方没想着从你这儿得到什么回报，但你作为求助者，不能丝毫没有感激之心呀，起码你也要简简单单地说声"谢谢"，这可是为人处世最基本的礼貌啊！

跟阿伟一样，我也遇到过那种用人朝前、不用人朝后的人。

有一次，一个同行朋友在QQ上急呼我："青溪，你现在有空吗？如果有空帮我审下这个稿子好吗？"

还没等我答应，他就把稿子发过来了。我点开一看，内容还算是轻松有趣，那就花点时间帮他审下吧，看他好像也挺着急的。

一天很快就过去了，稿子也审得差不多了，等我发给他时，天色已经暗了，我还没吃晚饭，于是叫了一个外卖。

期间我一直留意QQ消息，等着他给我一个回复。可他接收了我发给他的文件后就再也没有吱声，直到第二天，他还是什么话都没说。

当时我就郁闷了，心想：这人怎么这样啊，太不懂礼貌了吧！不过我还是给他找了一个理由，说不定他工作忙忘记了，算了算了，不跟他计较了。

可没过几天，他又找上我，这次我可没空帮他，就直接拒绝了，而他跟上次一样，又一句话也没有了。

我直接傻眼了，呼之则来，挥之则去，他到底把我当什么啊？找我帮忙，连句"谢谢"都吝于说出口，真的是太让人寒心了。

不再犹豫，我直接把他拉入黑名单。

有人说，朋友之间何必那么客套，彼此知道对方的心意不就行了？也有人质问："难道你帮助别人，就为了一声'谢谢'？"

真的，能说出这种话的人，我这辈子都不想跟他做朋友。

你找别人帮忙，不管别人答不答应你，最后有没有帮到你，你都应该对他说一声"谢谢"，这是天经地义的事情，只有这样，才能形成良好的互动关系。

人心都是肉做的，我们都需要温暖热烈的回应，所谓"无声胜有声"，并不适用于凡夫俗子，如果我们帮助了别人，就会心生从别人那儿得到应有的回馈的希望，一句简单的"谢谢"，就足以让我们无悔自己的付出。

希望这个简单的道理，每个人都能懂。

麻烦别人后，放下心中的期待

> 　在这个世界上，没有任何一种结果不需要付出。

　　去朋友家串门，因为坐公交车会堵车，于是坐地铁去。长沙地铁只有两条线，有时候人满为患，有时候空空如也。这天车厢里人不多不少，我找了个二人连座，安静地坐着听歌。

　　每停一站，都会上来一些人，而下去的人寥寥无几，很快车厢就挤满了人。到五一广场时，涌进来更多的人，我也拔掉了耳机，在微信上跟朋友聊天。

　　突然，我的肩膀被人轻轻拍了下。

　　"你好，麻烦你一下，可以让我妈妈坐一下吗？"

　　我抬起头，一位20岁左右的姑娘，正面带微笑看着我，她的左手搀着一位神色憔悴的中年妇女，想必是她母亲。

　　"天气热，我妈妈有点不舒服，刚吐了不少。"我还没站起来，她又补充了一句。

我连忙起身让座。她如释重负，一口一个"谢谢"。让母亲坐好后，她和我一起站在了座位前。

过侯家塘后，人慢慢就少了。又过了两站，我也接近目的地。这时，我感觉自己的袖口被人轻轻地扯了扯。还是那个小姑娘，只见她用手指了指旁边。我转头望去，原来是她母亲旁边的位子已经空了出来，小姑娘的意思是让我去坐。

我摇了摇头，小声跟她说："谢谢，我下一站就到，你去坐吧。"

小姑娘愣了一秒，点了点头，坐到了母亲旁边。没一会儿，地铁到站，我也下车离开。

出站的路上我就在想，这真是一个懂礼貌的小姑娘。她为了回报我的帮助，也尝试着帮我找座位，只是因为我要下车了才没帮上。尽管如此，我仍然十分感谢她的善良。对我而言，给一个身体不舒服的人让座是义务；于她而言，帮我这个手脚健全的人找座却是一种情分。所以我有必要对她说声"谢谢"。

人与人之间的交往就是如此，只要别人有心，哪怕没有帮到你，也值得你去感激。

但不是所有人都明白这个道理。在一个唯结果论的时代，越来越多的人只要结果，不论过程，对"没帮上忙""帮倒忙""效果不好"

等结果，缺乏正确的认知。

我关注的一位星座达人在他的公众号中分享了这样一段经历：

他的一位朋友大婚，那天缺婚车，他应朋友的请求把自己的那辆车开去，做主车。

新娘子家在乡下，路并不太好走。接上新娘子后，他们颠簸了一个小时，结果，车爆胎了。

朋友很是懊恼，他则一脸无奈。新娘子见情况一团糟，冲朋友发了很大的火，搞得他也很是尴尬。最后，为了不耽误朋友的婚礼，他们让新娘子换到另一辆车上，他留下来处理车的问题。

前前后后忙活了整整一个下午，他才换好车胎。还好，最后赶上了晚宴。

可这件事儿并没这么结束。

一次聚会，他和朋友都参加了，聊到朋友结婚的事儿，那天的事情就又被提起。其他的话他没记住多少，唯有一句印象深刻，他的朋友说："那天真倒霉，借老兄一台车，车胎爆了，好好的一场婚礼就这么毁了，老婆还跟我生气，说她人生中最重要的一天过得那么窘迫。"

这话令他当场发火。

"我借车给你怎么还成恶人了？就算出了点状况，你们至于把责任推我头上吗？那我还可以说，早知这样就不借车给你们了。"

其他的朋友怕两人关系闹僵，纷纷打哈哈圆场。但那天的聚会，他破天荒地提前离开，而且再也没有跟那位朋友联系过。在他看来，如果一个人不尊重他的付出，就等于不尊重他。

当你只看重自己求助的结果，而不关心他人的付出和努力时，你是没有资格麻烦别人的。在这个世界上，没有任何一种结果的收获不需要付出。

网络上流传着这样一个有意思的问题：你急需5万元，找两位朋友借。一个只有1万块钱，他愿意借给你5000；另一个人有100万，只愿意借给你1万。这两个人，你觉得哪一个更值得深交？

评论里，大部分都选择前者，因为他们都知道，对那个只有1万块钱的人来说，他愿意为你们这段关系付出的努力要远远大于后者。

不过，我却认为，无论对方有多少，愿意借多少，对求助的人来说，都是一种帮助，不能因为数量的多少，没有达到自己的预期而挑三拣四，忽视他人的付出。

小雅最近换了单位，公司离她住的地方很远，为了方便上班，她去公司附近租了房子。搬家那天，小雅喊来了一位平常关系不错的男同学，她觉得男生帮这种忙方便，事后请他吃顿饭就行。

东西很多，但都打包好了。小雅和男同学一起将包裹一点点地往下搬。自己搬家，小雅当然卖力，但她总觉得同学不够帮忙，对方每次搬的东西跟她差不多，作为一个男生来说，这样明显有些惜力。

碍于情面，小雅也不好多说。两人忙活了一阵，把东西都搬到了叫来的车上。

车子开到新租的房子楼下，又得把东西往楼上搬。这栋楼没有电梯，只能像蚂蚁搬家一样一点点往上运。这一次，同学还是不够卖力，有时候甚至还空着一只手。最后，小雅累得够呛，男生也是满头大汗，这才把东西都放好。

小雅心存不满，本来打算请的那顿饭，也以"今天太累，改天请你"为借口赖掉了。

小雅的这种心理很多人都可能经历过。有的人就是这样，别人过来帮忙了，但因为没有达到他们的预期，他们便心生不满。"你本来可以帮我做得更好的，为什么最后效果这么不理想？""你帮我带的东西和我想要的东西不一样啊？""你那么有钱，怎么才借这么点？小气！"……种种抱怨，都是以自己的需求为中心，漠视他人的付出。

被麻烦的一方也难免会生出好心被当驴肝肺的感觉。"为什么我帮了他，他还要怪我没帮好？""我给他带东西，怎么还被怪罪？""怎么借出去钱，还被人说小气？"

主动麻烦别人时，我们要做的第一件事就是放下对结果的期待，只要对方付出了努力，哪怕是效果不好、没帮上忙，甚至是帮了倒忙，也是值得被感激的。而这，也有助于你们好关系的培养。

关系的本质是交情，
而不是交易

关系是双向的，麻烦同样也是双向的，

不能由一个人唱独角戏，也得允许别人来麻烦你。

一个人懂得如何麻烦别人是不够的，

还要知道怎么处理别人的麻烦。

帮助别人也并非点头那么简单，恰到好处地拿捏细节，

才能让麻烦变成交流，让关系变成情义。

你麻烦别人，也要允许别人麻烦你

> 任何一段关系都是一架天平，天平两端的质量要不相上下。

去超市买菜，遇到一个很久不见的朋友，她一看见我就大声嚷嚷道："呀，你怎么那么黑啊，好像一块老腊肉！"

说完，她就咯咯笑了，还故意在我面前炫耀她的白皙皮肤。

可我也不是吃素的，笑嘻嘻地回她："太阳毒啊，晒黑的。倒是你，才多久没见，怎么胖成这样啊？你看看你那象腿，该减减肥了。"

如我所料，她的得意劲儿很快就不见了，取而代之的是一张拉得老长的脸。

她很不高兴地说："我觉得我不胖，你别在我这儿找优越感，行吗？"

瞧瞧，有的人就是这么双标，她可以随意评判别人，别人却不能随意评判她。但很不幸，她遇到的人是我，以其人之道还治其人之身，一直是我的拿手好戏。

我淡淡地问她："怎么，只准州官放火，不许百姓点灯？你以为你是谁啊？"

一句话就把她呛到了，愣在原地半天没说话。

很多人都讨厌双标的人，因为"双标"意味着当事人很自私，缺乏同理心，说话做事不讲求公平公正，向来只关注自己的利益，不懂得换位思考，也不在乎别人的感受。跟这种人相处，你会感觉很不舒服，怀疑他到底有没有把你当朋友。

读者芊芊跟我说过一件事：

她上大学参加社团活动时认识了一个女生小娅，两个人因为共同的爱好成了好朋友，经常一起出去旅游，寒暑假还到彼此的家中住过。

这段美好的友谊一直持续到她们毕业。

参加工作后不久，芊芊渐渐发现小娅变了，变得自私了。

以前，不管她们中的谁遇到困难，另外一个都会帮忙，可现在，小娅还是会经常麻烦她，比如，动不动找她借钱呀，或是让她帮忙买回家的机票呀，等等，但在她遇到困难发出求助声时，小娅却跟失聪了一样，每回都装作没听见。

有一次，芊芊生病住院了，因为身边没什么亲友，她就只好拜托小娅下班后去医院照顾她。可微信发了好几条，每条都石沉大海，得不到任何回应。

芊芊又给小娅打电话，但电话也没人接。

直到她病好快出院了，小娅才在微信上回复她："亲爱的，不好意思啊，我最近工作太忙了，你现在身体怎么样了？"

芊芊想：嘴巴叫得可真甜，行动也跟上就好了。

哀莫大于心死，芊芊毫不犹豫地退出微信，什么话都没跟小娅说就收拾东西回家了。

她失落地问我："这样的友情还能继续下去吗？"

显然不能。

其实，她自己的心中早已有了答案，就在她对小娅迟来的关心也装聋作哑时，她们之间的友谊就已经结束了。

任何一段关系都是一架天平，天平两端的质量要不相上下，一旦一方的质量远大于另一方，这段关系就会彻底失衡，从而走向瓦解。

《礼记·曲礼上》里有一段话："礼尚往来，往而不来，非礼也；来而不往，亦非礼也。"

关系都是相互的，如果你麻烦了别人，那相对地，你也要允许别人麻烦你，只进不出的关系是不可能长久的，没有人会喜欢只考虑自己利益和感受的人。

小伟跟小霞在一起两年了，生活中，小伟一直比较照顾小霞，每天给她洗衣做饭，就连刷牙，也会先帮她把牙膏挤好，温水备齐。

另外，小伟在钱财上也很大方，只要是小霞喜欢的东西，比如戒指、项链、化妆品、护肤品、手机、衣服、鞋子、包包等，小伟都会买给她。

身边的朋友都调侃小伟是男版的"田螺姑娘"。

刚开始，小伟是很幸福的，他爱小霞，为小霞付出甘之如饴，不管小霞对他提什么要求，他都会尽全力满足。

但小霞似乎把这一切都当成理所当然，有时候，小伟工作太累或是生病了，恳求她去做一顿饭，她也总是找各种理由拒绝。

是的，家务活儿她不愿意干，钱她也不想出，她只想被小伟照顾和宠爱，却一点也不想照顾和宠爱小伟。

小伟感觉很受伤，跟小霞抱怨了几句，但小霞丝毫不在乎他的感受，甚至还撂下狠话："爱我，你就把我当公主宠，要我出力，没门儿，要我出钱，快滚。"

小霞吃准小伟离不开自己，但她没想到，小伟这次竟然头也不回地走了。

看着小伟离去的背影，小霞慌了，那一刻，她终于领悟到一个事实——不是小伟离不开她，而是她离不开小伟。

失去后才知珍贵，可惜一切都晚了。

人心已冷，覆水难收。

曾看过一个让我印象深刻的小故事。

有一个盲人，在夜晚走路时手里总是提着一盏明亮的灯笼。

别人见了觉得非常奇怪，问他："你自己根本看不见，为什么还要提着灯笼走路呢？"

盲人回答道："这盏灯笼当然不是为了给我自己照路，而是为了给别人提供光明，帮助别人看清道路。因为只有这样，别人才能看见我，不会撞到我身上，我的安全才有保证。"

我想，每个人都应有盲人的这种远见。当然，如果你做不到先对别人付出，那起码要在别人对你付出之后，大方地向其敞开心扉，表达感谢之情。

而这，是最基本的诚意，也是收获和维系一段好关系的必要前提。

王菲和赵薇是娱乐圈中的好姐妹，她们通过电影《天下无双》而结缘。当时，赵薇因为"军旗装"事件遭受很大的打击，还时常被媒体围追堵截。

王菲就将她接到自己的家中，带她到处散心，鼓励她，还给演艺事业受挫的她谋得了《玉观音》中的一个角色。

2004年，赵薇出了一张音乐专辑《飘》，整张专辑的曲风、造型有相当明显的王菲风格。据说，这也是王菲在KTV手把手教出来的。

这些年，赵薇麻烦了王菲很多事儿，但同时，在王菲需要帮助的时候，赵薇也会不遗余力地伸出援手。

就拿王菲跟前夫李亚鹏一手创办的嫣然天使基金来说，每一年赵薇都会出席活动，慷慨解囊。

有人说，最好的友情就是，在你需要我的时候尽管开口，我一定会全力以赴。

用这段话来形容王菲和赵薇的友情，真是再恰当不过了。

记住，好的关系从来都不是单向的，一定是一个"我麻烦你，你也可以麻烦我"的双向互动过程。

所以，跟人来往，你一定不能双标。如果你以前麻烦过别人，那你也要投桃报李，为日后帮助别人腾出充足的空间，就像罗曼·罗兰曾经说过的："只要还有能力帮助别人，你就没有权利袖手旁观。"

急人所急也是一种美德

> 在别人急需帮助时，不拖延也是一种美德。

跟男友谈了快7年的恋爱，他什么都好，就有一点不好：喊他做什么事情，他嘴上总是痛快答应，行动上却一拖再拖。

之前就跟他说好了，我负责做饭，他负责洗碗，但每次吃完饭后我提醒他快点把碗筷洗了，他都会说："我先休息半个小时再洗碗。"

好吧，体谅你吃饭太辛苦，我就不再唠叨了。

可一个小时后，我去厨房洗水果，发现碗筷还在水槽里，灶台附近油腻腻的。我顿时火冒三丈，冲到他面前吼道："快去洗碗！"

男友头也不抬地说："你不要管，我说了会洗就会洗。"

"什么时候洗？"我逼问他。

他有点不耐烦了，"睡觉之前我一定洗干净，行吗？"

"好吧，我再给你一次机会，"说完我就去睡觉了。

等第二天早上起来，我去厨房煮粥，眼前的景象让我再次怒火冲天，他还是没有洗碗。一气之下，我把所有的碗筷都砸了，等他醒来，让他收拾这堆烂摊子。

经过这件事后，他洗碗再也没有拖延过了。

答应别人的事情，就要在规定时间内完成，这是一个心照不宣的社交准则，也是做人应有的诚信，可惜很多人，包括我男友，并不懂这个准则，又或是懂了却不愿意执行。

他们认为，如果有人找自己帮忙，拖延下没关系，只要最后把事情做了，就算是成功交差。可他们没有想过，很多事情是有时间限制的，尤其是一些急事儿，如果不能按时完成，是会给求助者造成很大的困扰和麻烦的。

刚进入写作这行时，程程就养成了一个习惯，写作一本书的时候，不会再接类似的工作，因为对她来说，专注是做好工作的前提，也是享受工作的窍门。

有一次，她在紧锣密鼓地赶一本书稿，与她对接的那位编辑突然给她发来一本稿子，说书稿作者改了几次都不到位，看她能不能帮忙改一下。

程程有点犹豫，怕时间上来不及，可看编辑那么着急，她还是挺想帮他一把的，便答应了下来。

编辑又问她半个月时间能不能改好，她想了下，反正都答应改了，时间上无所谓，就跟编辑说没问题。

可是，等到她真正着手去修改的时候才发现，自己内心非常排斥这本稿件，于是她采取拖延战术，半个月拖成一个月，一个月又拖成两个月。

到最后，编辑直接告诉她："我还是自己弄吧，不用你修改了。"

因为这件事，编辑很长一段时间都没有跟她说话。事后她才知道，原来上次她的拖延给编辑造成了很大的麻烦，编辑不但被领导骂，还被扣了一笔钱。

的确，帮忙是一种情分，但拖拉迁延只会让情分变成怨愤。当我们答应某项请求时，对方心中自然就有了期待，哪怕是你提前说自己可能帮不上什么忙，对方也会期待你在最短的时间内给予回复。而一旦拖延，让别人连这点期待都落了空，两人的关系势必也会经受考验。

心理学研究表明，拖延症产生的最直接原因是我们对结果缺乏足够的兴趣。这话很好理解，就像我男友一样，他喜欢看足球，假如有一场让他感兴趣的足球比赛，他保证能够及时地打开电视，纹丝不动地坐在沙发上把它看完。可让他洗碗就没那么容易了，能拖到明天，就绝在不今天干完。

在答应别人的求助后又拖拉迁延，其原因也大抵如此。毕竟是别人的事情，跟自己又没有多大的关系，当然会缺乏主动、高效的兴趣。

美国总统里根是个讲笑话的高手，他讲的一则笑话至今能让我捧腹：

苏联有个叫伊万的人，他决定自个儿买辆汽车。

他来到车厂。厂方说："也许你是知道的，要先交钱，十年后的今天来取车。"

伊万交了钱后问："是上午来还是下午？"

厂方说："十年后的上午下午还有区别吗？"

伊万说："可十年后的今天上午水管工要来。"

笑完之余我就想，假如是销售方自己买车，他会让自己等这么久吗？当然不会，自己上心的事情又怎么会拖延呢？

期待不足、不上心使得人自缚手脚，此时，可能就需要你换位思考了。

在帮助别人时，站在对方的角度考虑是必需的过程。事情有大有小，有的是鸡毛蒜皮，有的是人命关天。在鸡毛蒜皮的事情上拖延一下或许无伤大雅，但遇上人命关天的事儿，拖延就是致命的了。

前几天在微博上看到一则新闻，某地一位的哥，为了及时送临产孕妇就医，连闯几个红灯。交警查明原因后，对其闯红灯的行为不作处罚。

这样的事情总能让人感动。这便是我们常说的急人之所急，在别人急需帮助时，不拖延也是一种美德。

当然，这里所说的"急"绝不单指人命关天的事儿。在任何情境中，面对他人的需求，我们都应当以"急人所急，忧人所忧"的心态去面对。这种心态到最后也会浸润到你们的关系中，升华你们的情感。

那天，朋友阿策的母亲坐火车来长沙，火车下午三点左右到长沙。阿策工作很忙，腾不开身，找了几个人帮忙，但他们都没空，最后便拜托我这个自由职业者去接一下她母亲。而这时，距离火车到站只剩一个小时。

电话中，我得知这是她母亲第一次出远门，到火车站如果没人接肯定会出事。我当即放下手头上的事情动身。毕竟，对阿策来说，这是一件大事，我担心耽误了。

路上，阿策给了我一个手机号，是她母亲的，她也将由我去接站的事情告诉了她母亲。我打电话过去，告诉阿姨，我是阿策的朋友，与她约定好在某个出站口碰面，并告诉她，如果找不到，问车站内的工作人员。

忙忙碌碌了一个多小时，我终于接到阿策的母亲，并将她带到阿策公司附近的楼下，找了家肯德基，陪着她，一直等到阿策下班来接，才离开。

这件事成了我跟阿策关系的一个转折点。在此之前，我们只是一场聚会中认识的普通朋友；从那之后，阿策对我明显热情了很多，经常约我出来吃饭逛街。渐渐地，我们成了最好的朋友。至今，她对我那天的热心仍然心存感激。

其实我只是做了一个朋友该做的事。既然答应了阿策，就想立刻、马上把事办妥。身为女儿，我也明白母亲在每个人心中的地位。

人际关系中，面对他人的麻烦时，做不到或有不方便之处可以拒绝，一旦答应别人，就背负了某种"义务"。没有"急人所急，忧人所忧"的换位思考能力，怠惰拖延，反而会让你们的关系生出罅隙。从任何一个角度来说，这都是得不偿失的。

面对麻烦，守住你的原则

> 没有原则的帮助最后会滋生无理的要求。

一位朋友跟我聊起他创业失败的经历。

在众多创业失败的案例中，合伙人的矛盾一直是无法避开的话题。朋友也将自己与合伙人的矛盾当成自己失败的主要原因。

他的合伙人是他的老同学，初中三年他们的感情很好。之后，朋友上高中，读大学，但他的同学却在初三毕业后就辍学了。

我问朋友："为什么你会找一个高中学历都没有的人做合伙人？"

他说："我们以前交情不错，而且我觉得他是一个非常仗义的人，愿意无私地帮助别人。"

接着，他就给我讲了他同学的一件事儿。

同学在17岁时坐过牢，罪名是持刀抢劫，因为是初犯，加上罪行较轻，只坐了三年牢。

"就是这件事，让我觉得他这个人值得相信，对朋友能两肋插刀。"

"为什么？"我有些不解，通过一个人的罪行怎么还能看到他的美德？

朋友这才告诉我，同学去抢劫，是为了帮一位发小的母亲筹集手术费。

我一时不知该说什么。

朋友显然是这么认为的：一个人为了帮助别人不惜犯罪，那他一定是值得信任的，跟他合伙创业准没错。

我的观点则恰恰相反，他的这位同学，在我看来是一个没有原则和底线的人。他在犯罪的时候，没有帮到这个世界上的任何一个人，不但伤害了受害者，而且破坏了公共秩序和法律，这样的人反而是最不值得信赖的。

朋友与他同学之间的矛盾也验证了我的观点。因为他是出资的一方，他的朋友经济拮据，以技术入股，为了拿到更多的钱，同学不惜找各种理由报假账、吃公司的回扣，完全没有合伙人的意识。

朋友在得知这一切之后，中止了两人的合作，二人从此再无联系。

一个人毫无原则地接受别人的"麻烦"，往往也会让自己陷入麻烦之中。因为社会中的一些准则提醒我们，不能只保护别人，也要庇佑自己。不计原则地去迎合别人的需求，看似善良，实则懦弱。

而这也是心理学上"讨好型人格"的外在表现。为了获得认可，他们不惜压抑自己的感受，迎合他人的需求。

作家蒋方舟在上《奇葩说》时告诉观众，她就是典型的讨好型人格。蒋方舟从小就知道去讨好所谓的"权威"，久而久之，讨好别人成了她生活的常态。以至于，在和男友分手后，她也不敢去回应对方无休止的电话骚扰。

这类人在面对别人的麻烦时，最容易模糊原则和界限。他们这种在关系当中和稀泥的做法，最后也会使自己被反噬。

西龄是单位出了名的老好人。

老板交代加班写材料，其他同事表面应承，背地里排着队地麻烦她，"西龄，我今天约了朋友看电影。""西龄，今天我要回家大扫除。""西龄，我今天有急事。"

面对请求，她是来者不拒，久而久之，有的人甚至连理由都不找了，只要老板安排加班写东西，西龄总是被麻烦的那一个。

办公室里的人一起叫外卖时，哪个同事没零钱或者没带钱，只要跟西龄说一声，她都会大大方方地替人埋单，而且事后还不好意思要。

发展到后来，突然下了暴雨，别人问她借伞，哪怕她也只有这一把，她也不吭声，照样借给别人，然后自己顶个塑料袋去赶地铁。

但人心远没有她想的那么简单。

没有原则的帮助最后会滋生无理的要求，因为别人已经习惯了在你这里轻松地获得帮助，又怎么会体谅你某一次的拒绝呢？

有一次，她帮别人做的材料出现错误，需要返工，对方还想让她代劳。因为工作太忙，她拒绝了。至此，两人心生罅隙。

西龄非常不解：自己对她那么好，她有什么困难自己都帮忙，为什么最后得不到半点好？

西龄并不知道，她与同事的关系正是坏在她的"好"上。她以最卑微的善意去对待每一个人，到头来，一个经常得罪人、偶尔懂事一次的人可能都比她更受欢迎。

许多人混淆了"能力之内"和"原则之内"，在别人麻烦我们时，有些事在能力之内，却越过了原则的红线，这时就应当及时刹车。

黄总是北京一家小文化公司的老板，公司养了几个不错的公众号，经常对外约稿。写字谋生以来，我认识了不少甲方，他是我最喜欢的一位。

我跟他没见过面，但我喜欢他做事的风格。跟作者合作时，他经常说的一句话是：该算清楚的算清楚，该糊涂的时候就要糊涂。

他的账的确很清楚，稿费有个零头，他不抹也不补，如数照发。他糊涂的时候也不少，某个作者缺钱用，他确认稿子没问题，也会尽可能地提前支付稿费。跟他合作过的作者，我没见过一位说他不好的。

黄总是人情练达的最好样板，对他而言，"能力之内"和"原则之内"的麻烦似乎有一条泾渭分明的线，他随时都能拎得清。他也比谁都明白，帮助别人的时候讲原则，其实是在帮自己。

有些人不明白，"原则"说起来只有两个字，具体做的时候也没一把尺子可以衡量呀！

的确，没有千篇一律的原则，但原则也并非完全不同，有一些原则，如法律、道德，是我们每个人都应当去坚守的。

古话说"救急不救穷"，这就是一种帮助他人的原则——可以帮你解决眼下的困顿，但不负责替你的贫穷和懒惰埋单。

在帮助别人的时候，我也有自己的众多原则，举个简单的例子来说，如果朋友麻烦我的事情与我对他人的承诺相冲，我会拒绝。

一次，朋友邀请我给她培训班的孩子上两节作文课，那阵子我刚好有闲心，就答应了她。

在讲课的头一天，表妹给我打来电话，家里给她安排了一场相亲，她希望我能陪她去。

两边撞上，我只能婉拒了表妹的请求。尽管她不理解，但我只能告诉她，因为已经答应了别人，我不能让人家白等一场。

其实，原则没有那么准确，也没有那么含糊，但它又是非有不可的。在一段融洽的关系中，有原则地互相帮助才能让感情变得有规有矩。

幻想别人抛弃原则帮助自己，或者为了帮助别人不顾原则，都违背了人与人之间最重要的相处之道——尊重别人，尊重自己。

许下的承诺就是欠下的债

> 不管是被麻烦了还是主动帮别人，尽量不要给别人过高的结果预期。

我是个足球盲，跟很多女孩子一样，我对世界杯没有关注的欲望。但打开微博，有关世界杯的消息就唰唰地弹出。虽然无聊，但我也不是完全觉得没意思。

比如华帝集团与众多消费者一起演绎的"承诺门"。

2018年世界杯前，华帝集团公开承诺，如果法国队夺冠，对于在2018年6月1日至6月30日期间购买华帝"夺冠套餐"的消费者，将按照发票金额退款。

这次营销为华帝赚足了眼球。此后的世界杯比赛中，只要有法国队的比赛，华帝就会被提起。最终，法国队击败各路豪强，拿走了俄罗斯世界杯的冠军奖杯。

纠纷就是从这儿开始的。

　　本该履行承诺的华帝，却接连曝出负面消息。一会儿是经销商跑路，一会儿又是客服疑似"故意刁难"不给退款。因此，舆论开始转向，之前夸华帝营销到位的人，又开始一窝蜂地指责它欺骗消费者，不守承诺。

　　闹到最后，连中国消费者协会都发文督促华帝履行承诺，及时退款。

　　尽管华帝最终履行了承诺，但给消费者留下的心理疙瘩却迟迟不能解开。更有广告人揶揄："本次世界杯，华帝营销团队满分，售后团队负分。"

　　许下的承诺就是欠下的债，不管是经商还是做人，都该量力而行。

　　有的人喜欢给人承诺，找其帮忙，没说两句，他们就大手一挥，"放心吧，这件事儿包在我身上。"

　　这话说出来当然好听，就怕做起来难看。

　　如果真有这个能力"包在我身上"，这是自信，可如果是打肿脸充胖子，那就可能误人误己了。

　　我身边有这样一个朋友，大家都喊他勇哥。

　　勇哥是那种很热心的人，只要你找他帮忙，一般不会被拒绝。尽管如此，愿意麻烦他的人却不多。

大家都不愿意找他帮忙，特别是一些重要的事情，更不会去麻烦他。因为他帮人办砸了很多事。

晓晓就是"受害者"之一。

有次聚会聊天，晓晓提到自己家装修，在网上看到了一款背景墙砖，非常喜欢，但那家店断货了，线下也没卖的。

勇哥很热心，"你把那款墙砖和那家店发给我看看，我有办法买到。"

朋友能帮上忙，晓晓当然开心，立刻把链接发给了勇哥。

看了一会儿，勇哥就开始大包大揽，"我一哥们儿是做建材批发的，你就交给我吧，三天之内我肯定给你找着。"

晓晓笑着说："没那么急，家里水电都没装完，半个月内你帮我联系好，到时候请你吃饭。"

一晃两个星期过去，家里也装修得差不多了，晓晓给勇哥打电话，询问他墙砖的事儿。

谁承想，勇哥那边只是不住地给她道歉。

"不好意思，不好意思，晓晓，我问了哥们儿，他没有这批货。我后面也上网找了，也没什么头绪，最近还在托朋友帮忙呢。"

晓晓如同被浇了一盆冷水。勇哥并不知道，他让晓晓白等了十几天不说，还耽误了房子的装修进程。

说得出，做不到，久而久之，自然没人愿意再找他帮忙。

一个人，不管是被麻烦了还是主动帮别人，尽量不要给别人过高的结果预期。如果勇哥说"我有个哥们儿是做建材批发的，我可以帮你问一问"，别人自然不会有过于乐观的估计。他这边不行，人家还可以自己想办法嘛。

大包大揽如果有好结果，人家会觉得你热心，你有办法。但给出的承诺如果没法兑现，不但会让朋友大失所望，也会破坏你们之间的好关系。

勇哥这种性格，就是典型的打肿脸充胖子，只图嘴上说出来爽快，却忽略了不可预期的后果。

打肿脸充胖子，在心理学上也叫"自我补偿"。

在可能做不到的情况下给出承诺，既是为了弥补落差，在心理上达到理想自我的境界，也能显示自我，获取他人的信任和依赖。

于是，问题就出现了。

当别人因为承诺而信任你、依赖你时，你就要承担一种道德义务，这种义务要求你必须做到。可我们也知道，不过脑子的承诺，没有几个能够落实。

看起来，一个许下承诺的人或许更加热心，更利于发展关系。实际上，许下对结果并无把握的承诺最后只会降低你的靠谱度，反噬你们的关系。

道理很简单，不给别人打包票，就算没帮到自己还有退路，本来嘛，帮助朋友，你就已经尽了人情。可一旦你许下承诺却没有做到，你猜别人会怎么想你？

最近在看一本小说。

男主人公老马的人设是很冷漠，不会表达感情，跟老婆结婚很多年都说不出"我爱你"。朋友也觉得他这个人有城府，什么事儿都不会先表态，做事情滴水不漏。

一次，同事请他帮个忙，他考虑一番，答应下来，还不忘加上一句："我帮你打听打听，成不成我立马告诉你。"

另外一个同事听到这话，吐槽他一句："老马，成不成你不能给个准信儿吗？不要太谦虚了，你准行。"

这时，老马说了段话，大概意思如下：

绝对有把握的事情，我肯定能打包票。有的事儿没把握，我就不能答应。你们自己想一想，我打包票的事儿，哪一件是办砸了的？

还真没有。老马打包票的事儿不多，但没撂下一件。相反，有的人经常打包票，一口一个"放心"，还拍胸脯保证，到最后却一副"无能为力"的样子。

我喜欢老马的性格，闷不吭声，对有把握的事情胸有成竹，对没把握的事情，谨小慎微。这就是人们常说的"靠谱"。

在信任感稀缺的年代，靠谱的人太难得。麻烦一个靠谱的人，他首先想的一定不是显摆自己的信心和实力，也不会为了取悦人空口允诺，而是会视情况做决定。相较于聪明的人来说，我更愿意结交靠谱的人。

你问他借1万块钱，他说"可以，明天给你"，第二天你就能收到这笔款；他手上没这么多钱，会如实告诉你，绝不耽误你再去找人帮忙。

你找他帮忙说个情，他会说"我去试试，行不行我都及时通知你"。

你麻烦的事情让他为难，他也直言不讳，不会给你画个饼然后再找各种理由抹掉。

那些习惯"让人放心"，动不动就许下承诺的人，或许会让我感受到一两次热情，能够感动我一时，但最后总会有失望出现。

人的记忆是会存档的，你的某一次失信会时刻提醒对方——算了吧，这个人不靠谱。

话语很轻，承诺很重。

在成为一个靠谱的人之前，仔细审视与别人的每一段关系。

面对他人的麻烦时，不要急于表现自己的任何优点，只问自己这样一句："我真的有十足的把握办到吗？"

哪怕再愿意，也别吃太多的亏

> 　一个人能够从容地处理关系中的利益，才能让关系更具凝聚力。

老人们常说"吃亏是福"。这话原本是劝人大度的，少点计较不是坏事。可我们总忘了一个事实，吃亏也得分情况。

在单位上班，在能力范围内做点儿分外的工作，看起来是吃亏，做一做却无妨，大部分人也不会把多余的付出放在心上。

但当你帮别人时，吃亏就不见得是一件好事了。

以前，我一直觉得，既然是帮别人，就应该不遗余力，吃点小亏算什么呢？

一次，杂志社的老肖找我帮忙，让我给他写几篇稿子。我那一阵刚好有别的事忙不过来，就直言相告。

老肖也理解我，他说："如果你忙就别写了，我现在也没有写这类文章的作者，你有空的话帮我物色两个人把它写完。"

说完他又跟我交代了截止日期。但那天过于匆忙，他忘了说稿费标准。

第二天，我找了个朋友，把这个活儿交给了她。因为跟老肖关系很好，我自己掏钱按照我之前的稿费标准预付了朋友部分稿费。

几天后，朋友如期交稿，我付了尾款。

老肖看完稿子后非常满意，不住地感谢我。我告诉他，稿费我已经提前结给了作者，他们社结款慢，下个月给我也没关系。

老肖问我给了多少。

我告诉他，按照我之前的稿费标准结算的。

老肖发来两个"流汗"的表情，无奈地说："我还没告诉你多少钱，你怎么就给了呢？"

我知道他的意思，这几篇稿子的确不难，稿费会低一些。这我也都想到了，只是钱不多，作者也不好找，所以我加了价。这多给出去的钱，我心里盘算着，就当是帮老肖一把。

可老肖好像并不领情，他非要补齐缺口，以他个人的名义。

我也不在意，就几百块钱，没这个必要。

老肖却更加严肃了，他说出了一句让我无法拒绝的话："吃一次亏你不在意，但如果下次还是这种情况，你还愿意帮我吗？"

这句话让我哑口无言。静下心来一想，老肖说的没错。如果这次我吃亏了，下次我帮忙的动力势必会小很多呀！

许多人觉得，帮朋友忙吃点亏算什么，不愿意吃亏说明你这人太过计较，不重感情。

但与老肖的这次对话让我领悟到，帮朋友的忙，有的亏可以吃，有的亏不能吃。帮忙占用时间、欠下人情，这都没什么，关键是，真的有必要搭钱进去吗？

我以前并不是在商言商的性格，朋友之间，基本上是能讲情面绝不说利益，一旦谈到钱，我就觉得那样太冷酷。朋友麻烦我，我也经常吃点小亏，并不觉得伤了大雅。

老肖后来帮我矫正了不少。他说的很多话我到现在都还记着，印象最深的一句是："如果你还希望跟朋友保持好关系，就一定要把钱算清楚。"

后来的经验告诉我，这句话实在是太正确了。

以前就有一个朋友，经常找我帮忙，我帮她的同时，也会被动贴钱进去。比如说，让我帮忙寄东西，我从来不向她要快递费。十来块钱，至于吗？我当时就是这么想的。

可是到后面，我渐渐发现，自己不再愿意帮她了。不光是因为这点钱的事儿，而是我觉得已经没有动力去帮她了。每一次帮忙出力不说还要出钱，对方又没有明确地表示感谢，我的内心自然就对这"麻烦"产生了抵触。哪怕我跟她仍是朋友，也难免怠惰，也开始找各种借口拒绝她了。

到后来，我们的关系反不如从前。

现在，我也开始明白，越是朋友，越应该算清楚。无论是麻烦谁，都要先谈钱，再谈情。稀泥和得越多，别人的心就会越硬。

反过来也一样，在帮助别人时，我们应当放下不好意思，大大方方地跟人把账算清楚。假如别人因此怪你小气或者精明，说明他并不尊重你的付出，当然你们也成不了好朋友。

花菜是一个都市小白领，在公司做了七八年，人缘一直不错。有一天，同事晓洋对花菜说："你真是太冷漠了。"

冷漠倒并不是说她不近人情，相反，花菜平时没少帮助别人。工作上、生活上，谁碰上点困难找她准没错。

晓洋说她冷漠，有开玩笑的成分。那天，她让花菜帮忙下载某个视频素材，花菜爽快地答应了。但发现下载视频素材收费后，花菜毫不犹豫地问晓洋要了钱。

所以，晓洋揶揄花菜冷漠。

起初，花菜这么做别人心里还有些不舒服，但渐渐地，跟花菜走得近的人都开始喜欢她的"冷漠"，这种冷漠非但没有拉开他们之间的距离，反而让他们更亲近。原因很简单，花菜在金钱上的"斤斤计较"让他们的关系变得异常简单，帮忙就帮忙，谈钱就谈钱，谁的感情都不伤。

利益是好东西，人与人之间，难免会有利益的牵扯。一个人能够从容地处理关系中的利益，才能让关系更具凝聚力。

几年前，一部《中国合伙人》重现了新东方三位创始人的恩怨情仇。这部电影也让许多人认识到了合伙制的缺陷。因个人感情和理想

　　走到一起的合伙人，最后总会由于利益分配问题出现关系裂痕，最终倒下的不计其数。

　　创业如此，处世也是如此。

　　许朗是我的大学同学，刚毕业那会儿，我们还常常保持联系。

　　有次聚餐，同事小娅跟我一起，他就这么看上人家了。许朗不是那种大大咧咧的男孩儿，甚至还有些羞涩。他拜托我，约个周末，带上小娅一起吃饭。

　　这件事对我来说并不为难。许朗的为人我清楚，踏实靠谱，小娅我也知根知底，两人挺般配的。所以，我决定撮合他们。

　　那天，我喊上小娅，说是请她和许朗吃火锅。小娅并没有拒绝。我们三个在饭桌上东一句西一句聊了很久，大家都很开心，期间，他们也都留了对方的联系方式。

　　结账的时候，我没有犹豫，毕竟说了是我请客。

　　饭毕，各自散去。等我跟小娅分开，回到家时，许朗打来了电话。电话里他非常开心，向我表示感谢，同时，他又严肃地跟我说："今天的饭局是你帮忙才组成的，不可能让你出饭钱。今天你结账时，我不想拉拉扯扯。多少钱你告诉我，我必须给你。"

　　我哈哈一笑，没有拒绝。因为我知道，假如这次我不要这钱，下次许朗再想约小娅时，这件事就可能成为我们双方的心结。许朗比我更清楚，麻烦别人绝不能再让别人吃亏。

帮了别人不以恩人自居

> 在帮助别人时，更要学会怎么去照顾别人的脸面和尊严。

最近，我身边有两个朋友闹掰了，因为一条连衣裙。

事情是这样的，小月在淘宝上花400块钱买了一条连衣裙，结果穿着不合适，又懒得退货，就顺手把它送给了朋友小姵。

小姵欢天喜地地收下了，结果每次她穿上这条连衣裙，小月都会当着众人面指出来，说这条裙子是她送的。

更过分的是，在小姵不穿这条裙子的时候，小月还会故作好奇地问："上次我送你的那条裙子好穿吗？那条裙子好贵的，质量应该挺好，你要经常穿哦。"

每次听到这种话，小姵都很不舒服。她私底下跟我吐槽说："早知道，我就不收小月送我的裙子了，现在搞得好像我欠她多大一个人情似的。"

可有什么办法呢？收都已经收下了。看小月那架势，她是铁定要当小飒的"恩人"了，小飒只能再忍忍，没准过段时间，小月就忘了这事儿了。

但我猜错了，小月非但没忘，反而记得牢牢的。有一天，小飒又穿了这条裙子，小月就继续以"恩人"自居，这下可把小飒惹毛了。

只见她二话不说，找地方把裙子脱下来，另换了一身衣服，然后把裙子甩给小月，冷冷地说："喏，还给你，你送的裙子，我无福消受。"

就这样，两个人彻底闹僵了，很长一段时间都没有往来。

其实，小月送裙子给小飒，原本是一件挺好的事情，坏就坏在小月虚荣心太重，一点小恩小惠就总是挂在嘴上，生怕别人不知道，也生怕小飒忘记。

但这样做只会适得其反，无形中给小飒造成了很大的心理压力，让小飒感觉欠了她好大一个人情，到最后，那条裙子也不再是一个礼物，而成了一个负累。

不管是送别人东西，还是帮别人忙，本质上都是做好事，可有些人总能把好事变成坏事，把施恩变成施舍，简直是费力还不讨好。

我们常说，滴水之恩，当涌泉相报，意思是说，得到别人的帮助和恩惠，要铭记在心，并回报别人，可这句话从施恩者嘴里说出来的时候，就有点变味了。

当然，小月反复提及裙子是她送的，或许并不是要小姵报答自己，可这种居高临下的姿态还是会让小姵感到不爽：哎呀，真是受不了，你赶紧闭嘴吧！不就是一条裙子吗，我还给你得了！

所以，小月的做法实在是太不聪明了，裙子送出去就送出去了，你什么都不说，别人反而惦记着你的好，可你整天把这点小恩小惠挂在嘴上，别人非但不会领你的情，还会反过来怨恨你，这不是搬起石头砸自己的脚吗？

看过一个故事：

在一个大雪纷飞的夜晚，一个衣衫褴褛的农夫敲开了镇上富人的家门，向富人借一笔钱来维持家中的日常开销。

富人本来就是一个乐善好施的人，对农夫充满了同情，于是非常爽快地借给了农夫一笔钱。

农夫小心翼翼地把钱放在贴身的口袋里，真诚而又充满感激地对富人说了一句："谢谢您！"

富人笑着说："你尽管拿去用吧，不用还！"

农夫匆匆忙忙往家里跑去。富人对着农夫的背影，又大声地喊了一句："不用还给我！"

第二天一大早，富人打开家门，惊奇地发现自家门前院子里厚厚的积雪被打扫得干干净净。经打听，才知道是昨天夜里冒雪前来借钱的农夫偷偷地做的。

富人这才恍然大悟，原来农夫是想借扫雪来"还债"。

领悟到这点后，富人非常懊恼，觉得自己做错了，不应该以一种"施舍"的姿态来给农夫那笔钱。

于是，富人找到农夫，让他给自己写了一张借条。

一张小小的借条立马让富人的姿态变低了，从此，他跟农夫在人格上是平等的，不存在谁欠谁的人情。

他对农夫的帮助不再是施舍，而农夫也保全了自己的尊严。

这个故事让我印象很深刻，并从中明白一个道理：乐善好施是一种美好的品德，但一个人在帮助别人时，更要学会怎么去照顾别人的脸面和尊严。

堂哥是开水果店的，今年生意不太好，手上没什么钱，小侄女要求买一个二手笔记本，他答应了，但一直没去买。

我就对堂哥说："给孩子买吧，钱我来付，不过你要跟孩子说是你买的。"花爸爸的钱，会让小姑娘更有安全感和尊严感，如果她知道是我送的，一定不肯要。

堂哥答应了。没过几天，他跟我说，孩子收到电脑后很开心，抱着他亲了好几口，一直夸他是个好爸爸。

直到现在，小侄女都不知道电脑是我送的，但我的心里却跟吃了蜜糖一样，好甜好甜。

从心理学的角度来看，人人都是有自尊心的，谁都不愿意被人施舍，更不愿意被人瞧不起。所以，当别人麻烦你，寻求你的帮助时，千万不要表现得高高在上，好像你是强者，别人是弱者，更不要以对方的恩人自居。

1979年，特蕾莎修女获得诺贝尔和平奖。她上台去领奖的时候，身上穿着一件只值一美元的印度纱丽，为此很多人都觉得不可思议，尤其是台下那些珠光宝气身份显赫的达官贵人。

大家使劲地伸长脖子，都想一睹特蕾莎修女的芳容，可展现在他们眼前的却是一张布满皱纹的脸。原来这位伟大的修女，已经十分瘦弱苍老。

特蕾莎修女沉静地说道："这个荣誉，我个人不配，我是代表世界上所有的穷人、病人和孤独的人来领奖的，因为我相信，你们愿意借着颁奖给我而承认穷人也有尊严。"

其实，她本来不想来领这个奖，因为她心里始终牢记着耶稣说过的话："当你用右手行善的时候，不要让左手知道右手所做的。"

但是，她最终还是去了，为了那些饥寒交迫、流落街头和伤残疾病的人们，以及那些被忽略、未被关怀的人们。

　　看到没有，特蕾莎修女用行动告诉我们，所有的人，包括穷人都不仅需要活着，还需要爱，更需要有尊严。

　　当我们大张旗鼓地行善，或是为自己所做的好事而沾沾自喜，洋洋自得之时，特蕾莎修女不知道已经悄悄帮助过多少人了，每一个曾被她施以援手的人，都对她的善心充满感激。

　　我相信，如果有一天特蕾莎修女不幸陷入了困境，那么前来帮助她的人一定多如牛毛。不仅如此，很多人在回报的过程中都是心甘情愿的，心中绝对没有一丝被逼"还债"的感觉。

　　这才是为人处世的最高境界。

　　你有多照顾别人的尊严，别人就有多喜欢你。

　　你静悄悄地帮助别人，别人自然会悦纳你的心意。

　　所以，下一次给别人帮忙，我们都小点声，好吗？

管住嘴巴，保护好别人的隐私

> 守住别人的秘密，就是守住了他人的声誉，守住了自己的人品，更是
守住了彼此之间的感情和关系。

西汉高官张敞是一个情种，跟妻子十分恩爱，每日甘愿放下身
段，屈尊为妻子画眉。他的画眉技艺娴熟，妻子的眉毛一如黛山连
绵，妩媚之至。

可有人却看不惯他的行为，觉得他给妻子画眉有伤风化，就向汉
宣帝告了御状，想让汉宣帝摘下他的乌纱帽，以便"匡正世风"。

有一天，汉宣帝在朝中当着很多大臣的面，向张敞问起了这件
事。没想到，张敞对此却毫不惊恐，泰然自若地回答道："闺房之乐，
有甚于画眉者。"

一时间，汉宣帝无言以对，只好作罢。

你看，轻飘飘的一句话就打发了汉宣帝。

后来，"张敞画眉"被传为千古美谈，张敞本人也得了个"画眉太守"的雅号。

是啊，张敞说的没错，闺房之中还有比画眉更亲昵的事儿，他身为臣子，只要尽忠职守就行了，至于他跟妻子的闺房之乐，那完全是他的个人隐私，无须跟任何人交代，即便是皇帝老儿也管不着。

就像罗曼·罗兰所说的："每个人的心底，都有一座埋葬记忆的小岛，永不向人打开。"人人都有属于自己的隐私，既然是隐私，就意味着不欲为外人知。

所以，一个懂得尊重别人的人，是不会随便去打探别人的隐私的，同时，当别人把自己的秘密说给他听时，他也会自觉管住嘴巴，保护好别人的隐私。

北宋文学家司马光就是这样一个人。

当时，朝中有一位大臣名叫韩克，他与司马光同朝为官，两人私交甚笃。

有一次，韩克发现自己的儿子竟然偷了家里的银子出去赌博，他非常生气，拉着儿子又是打又是骂。韩克本以为打过骂过之后，儿子就会迷途知返，可谁知儿子竟赌博上了瘾，丝毫不服他的管教。

为此，韩克感到非常苦闷。他把这一件烦心事告诉了司马光，希望司马光能为他出谋划策，想个办法把他的儿子拉回正途。

司马光耐心地倾听完韩克的心事后，略一思考计上心来，悄悄地教了他一个好办法。韩克一听，觉得这个办法非常可行，心里顿时笑开了花。

可是，后来他又转念一想，觉得自己家的这点丑事已经被司马光这个外人知道了，万一司马光把它传出去，自己这张老脸不就挂不住了吗？

因此，韩克一方面非常感激司马光的热心帮助，一方面又非常担忧司马光会把他的家丑传出去，败坏他的声誉。

可没想到过了好久，韩克都没有听到朝中任何一个大臣议论过自己儿子的这点破事，此时，他总算明白自己真是"以小人之心，度君子之腹"了。司马光替他保守住了秘密，从来没有向第三人透露过。

因此，韩克为自己的多疑感到十分的懊悔，日后，他更加信服司马光的为人，并始终在朝中支持司马光，最终成为司马光的左膀右臂。

有人说，能够替别人保守住秘密是一件非常光荣的事情，它是检验一个人是否值得信赖的试金石。

我很赞同这句话。

要知道，别人之所以会把自己的秘密告诉你，肯定是因为他很信任你，而作为被信任的一方，你也有义务对别人的隐私守口如瓶，只有这样，你才不会辜负别人对你的信任，你们之间的关系和感情才能越来越好。

哲学家马克思和诗人海涅之间的友谊一直为人津津乐道。

当时，海涅的思想相当前卫，他曾写下很多战斗诗篇。他几乎每天晚上都会前往马克思的家中，声情并茂地朗诵自己最新创作的诗歌。

有时候，马克思和燕妮还会帮海涅加工、修改以及润色他的新诗歌。

非常难能可贵的是，马克思从来不在别人面前提及海涅新创造的诗歌的内容，这样就能够保证海涅的诗歌在报纸上发表之前不被泄露出去。

为此，海涅常常称赞马克思是最能保守秘密的朋友，两个人的友情也因此日益深厚。

只可惜，生活中，有的人并不懂得尊重别人的隐私，也不懂得呵护别人对他的信任，当有人把隐私说给他听时，他转身就告诉了别人。

一旦别人知道他泄露了自己的隐私，这段关系基本上就已经走到了尽头。

有个朋友在家里当了十几年的家庭主妇，在此期间，她一边照顾家人，一边写点文章，并结集出版，收获了不少粉丝。

很多粉丝在微博上长期追随她。后来她离婚了，打算开个微店做生意，大部分粉丝都加了她的微信，其中有个粉丝说："跟随您这么多年，对您的人品非常信任，只要是您卖的东西，我都会放心买。"

朋友很感动，也很珍惜这份信任。为了回报大家，她微店里的产品价格一律压得很低，利润空间也很小，同时，她每天都会在朋友圈里更新短文，分享自己的日常生活，好让粉丝们一饱眼福。

朋友以为，朋友圈就是自己的私密空间，每一个加她的粉丝都是她的朋友，有时候在那里说一些自己的困惑，寻求粉丝的建议，听听不同的意见也挺好的，事后她也会向所有的粉丝表示感谢，感谢他们的建议，感谢他们的一路相随。

可好景不长，有一天，她突然炸毛了，因为她看到有人在微博上发布了她在朋友圈分享的隐私。很显然，那个泄露她隐私的人，一定是她的某个粉丝。

"人有短，且莫揭；人有私，切莫说。"当有人把个人的隐私说给你听时，说明这个人把自己的颜面和自尊都放下了，在你面前，他是完全不设防的。

朋友就是这样的人，所以，她在得知自己的隐私被泄露时，内心是非常受伤和气愤的。她跟我说："我有强烈的被背叛感，无论如何，我都要把那个人揪出来，这种人不配出现在我的朋友圈。"

确实不配。

世界上最宝贵的东西就是信任，一个人会把自己的隐私告诉你，一定是因为他很看重你，很信任你，把你当成自己人，如果你管不住嘴巴，把他的隐私说出去，那你无疑是在践踏这份看重和信任，硬生生将自己变成一个讨人厌的外人。

马克思说过："每个人都像一轮明月，他呈现光明的一面，但另有黑暗的一面从来不给别人看到。"

也就是说，当有人将自己内心黑暗的一面呈现在我们眼前，就代表他把我们视为真正的知己，而为知己管好自己的嘴巴，对你我来说不是理所应当的事儿吗？

守住别人的秘密，就是守住了他人的声誉；守住别人的秘密，也是守住了自己的人品，更是守住了你们之间的感情和好关系。

我想，懂得这个道理的人，一定是人际关系中的最大赢家。

关系的本质是交情，而不是交易

> 任何一段关系最终都会回归平衡。

电影《教父》开头讲述了这样一个故事：

在意大利黑手党头子柯里昂女儿的婚礼上，殡仪馆老板博纳瑟拉找到柯里昂，想出钱请他为自己的女儿报仇。按照意大利人的习俗，在儿女的婚礼上应当尽量满足他人的请求。

博纳瑟拉忌于柯里昂的黑帮背景，一直不愿意交这个朋友。柯里昂对此心有芥蒂，他断然回绝——如果你把我当朋友，那这个忙我一定会帮你，可惜你只是把这当成一场交易。

联想到柯里昂的黑帮背景，我们不难知道，为什么博纳瑟拉不愿意接受他的友情帮助——一旦接受了黑帮老大的帮助，就会被人际交往中的一种潜规则绑架：当对方需要麻烦你时，你也得义不容辞，哪怕要你做的是违背原则的事情。

人际交往中的这种潜规则，其实就是经济学和心理学领域的"互惠原则"。通俗来讲，就是我们常说的"人情债"。

　　"人情债"是人类社会合作的重要基石，但也是产生"互惠焦虑感"的源头。

　　当我们接受了别人的馈赠后，很容易产生一种必须回报的念头，同时也会有不舒服的感觉，这种感觉直接催生了焦虑感。

　　在一段正常的关系中，人情债应当是潜在水底下，大家心知肚明即可。不可反复提"我帮了你什么什么"，更不要拿它当筹码要求对方回馈自己，这样做只会让对方感到厌恶，对任何一段关系都无益。

　　王涓医生最近遇到件烦心事儿：儿子快放暑假了，她想给孩子请个家教，却找不到合适的人。

　　无奈之下，她只得找人帮忙，有过一面之缘的媛姐成了她求助的对象。媛姐以前在公办学校做老师，后来自己开了家培训机构，桃李遍天下。

　　媛姐推荐了一个在重点大学读书的学生。王涓仔细打听了情况，非常满意。后来，媛姐又推荐了几个不错的家教，有时候还主动给王涓的儿子补课。

　　为此，王涓特别感激，请媛姐吃了顿饭不说，还送了些礼物，两人也走得越来越近。

　　没过多久，这件事就发生了戏剧性的变化。在接下来的一年中，媛姐隔三岔五地便来医院找她，还经常领着亲戚来。刚开始，王涓还真是有求必应，可久而久之，她发现媛姐麻烦自己的次数越来越多，要求也越来越过分，甚至连给胎儿做性别鉴定这种违法的事也不避讳。

王溦有些烦不胜烦，最终还是开了口。她说得很委婉，意思是，她已经帮得够多了，有些忙她也无能为力。

可媛姐明显不识趣，面对拒绝，她更多的是恼怒："你家孩子学习上的事儿我操了不少心，也帮了你，怎么让你帮我一下这么难？"

媛姐的话让王溦气不打一处来，两人在电话中吵了几句，自此再无联系。

人情不是筹码，更不能主动以此为由"命令"别人帮自己的忙。在一段正常的人际关系中，双方都会主动寻找平衡，你帮了别人，别人自然心中有数。

战国时代有一个名叫中山的小国。

有一次，中山的国君设宴款待国内的名士，不巧的是，当时宴席上的羊肉羹分量不够，因此，在场的诸位名士并不是每人都能喝到。

其中，有一个没有喝到羊肉羹的人，名叫司马子期，为了这点小事怀恨在心。为了报复中山国国君，他竟然跑到了楚国，力劝楚王攻打中山国。

一直以来，楚国就是一个财力雄厚的强国，若说攻打中山，简直易如反掌。后来，中山国被攻破，中山国国君只好逃到了国外。

他逃走时发现有两个人手拿武器跟随着他，于是便好奇地问道："二位壮士从哪里来，为何紧跟在寡人身后？"

那两个人回答道："国君不必害怕，您曾经将一壶食物赐予一个濒死之人，这个人因为您的恩赐才免于死亡，我们两个人正是他的儿子。父亲在临死前，曾万般嘱咐我们，中山国若是有任何事变，我俩务必竭尽全力，誓死保护您的安全！"

当你希望别人能够回馈你时，一定要明白，在"互惠心理"的作用下，自觉的人会主动寻找平衡，而那些只拿不给的人，也不值得你深交。

但有的人还是习惯于把人情当令箭，把帮过别人的忙当自己的筹码。自己需要帮忙，别人流露出一点为情，就立马把筹码加上去，瞬间将自己和对方对立起来。

周星驰主演的喜剧电影《九品芝麻官》中，包龙星的父亲有恩于京城的刑部尚书，在对方饿得要死的时候给了他半块饼。

包龙星拿着父亲给他的信物——剩下的半块饼，去找对方，对方客客气气，虽说不愿意帮忙，也没有撕破脸皮。

包龙星作死地提了句"我爹当年对你恩重如山，就算你不帮我也该给我点好处"。这话惹恼了刑部尚书，他命人端来100个饼还人情，还强迫他全部吃下。

电影固然是电影，故事思路却符合真实的人性：不管人情债有多重，都没人愿意被道德绑架。

拿人情做筹码提醒别人应该帮忙时，就已经给他扣上了"忘恩负义"的帽子，此时，再好的关系也会撞上冰山。

我们都知道帮忙是一种情分而不是义务，哪怕你曾经帮助过对方，也不能要求他按照你的条件给予回报。

举个很简单的例子，你在别人困难的时候，借给别人一笔钱，这是一种良善，也是人情。但当你遇到困难的时候，你不能同样要求对方也借你这么多，要根据对方的经济条件，而不是你需要的条件来提出请求。

朋友李蕊最近找我诉苦。

她的婆婆很能干，以前下海经商挣了不少钱，家里的房子和车子都是她置办的。李蕊和丈夫结婚后手头紧，婆婆还接济过他们。

李蕊也知道，自古婆媳是冤家，所以她也尽量多地回报婆婆。婆婆给的钱，她坚持要求丈夫和自己一起还清了。家里条件好了之后，她逢年过节也会拎点东西到婆婆那儿去。一来二去，婆媳关系倒也不错。

可后面就出了问题。

二胎政策放开后，婆婆希望夫妻俩再生一个儿子。这事儿李蕊坚决不同意，她觉得有个女儿已经够了，可不想再受那份罪。

李蕊的丈夫倒也识趣，跟母亲说："生孩子是我们俩的事儿，她不愿意，我也没辙。"

所以，婆婆就把火力全转移到李蕊这儿来。一会儿讲道理，一会儿又是苦情戏。李蕊那边呢，无动于衷，软硬不吃。

婆婆无奈，开始道德绑架："你们俩结婚的时候，我也没少帮忙，这次就当是成全妈妈，我做梦都想抱个孙子。"

就是这样一句话，让李蕊爆炸了。

她本来就因为欠着婆婆的人情而胆战心惊，现在婆婆拿感情逼她便触碰了她的底线。两人原本和和气气的，就因为这一件事，闹得非常不愉快。

我见过太多这样动不动就挥舞"人情"大棒的人了。在我看来，这种拿人情当筹码的事儿简直是太可笑了——欠了你人情，难道就得任你宰割？这哪是人情债，分明比赌债还可怕。

其实，任何一段关系最终都会回归平衡，它会在一次次顺其自然的交往、麻烦中让双方都得到帮助和补偿。

当你求助于曾经帮助过的人时，无须任何筹码，该帮忙的人自会出手，有心无力的人也该感谢。这样，人际关系才会回归到交情，而不是交易。

后记 　　　　　　　　　　麻烦，
　　　　　　　　　是对良好关系的滋养

小津安二郎的《东京物语》是我最喜欢的电影之一。

一对日本老夫妇，一共生了3个儿子2个女儿，儿女都在东京。二老千里迢迢赶去东京探望，却因孩子们琐事缠身，被忽略，被冷落。

两位老人谦卑、客气、怕麻烦别人，儿女不能陪伴，他们毫无怨言，说话时永远是那么谦和、有礼，温和的微笑永远挂在脸上，好像内心没有任何的不满。

"给你们添麻烦了！""辛苦你了！""让你们破费了！"……老人毫无条件的客气，仿佛是他们欠了孩子许多。

待了一阵，觉得无趣的老人想回家。

"东京也玩了，热海也看了，我们回家吧。"

电影我看了几遍，每次这句话出现时，我都能感受到那种不可言说的落寞。两位老人因为怕麻烦孩子而表现出的那种不安和惶恐，终于让他们走向了最终的孤独——归乡途中，老母亲突发脑出血，回家不久便过世，只剩老父亲一个人孤独地守着房子。

看完这部电影，我设身处地地想了想，假如要我事事、处处对人人都这么客气，一点都不敢去麻烦别人，那不如让我直接疯掉算了。

但在我身边，怕"麻烦"的人真的不少。

有的人是怕麻烦别人。明明需要别人帮忙，却因为各种原因不敢开口，只好一个人默默承受，默默面对。

有的人是怕别人麻烦自己。害怕安静的状态被打破，哪怕是举手之劳，也想一推了之。

这种怕，与其说是一种拒绝，倒不如说是一种误解。

在任何一段良好的关系中，"麻烦"不但是一定存在的，而且是必不可少的。我们之所以怕"麻烦"，是因为觉得不管是麻烦别人还是别人麻烦自己，都不是什么好事儿，也看不到"麻烦"对关系的滋养，所以习惯性地避而远之。

"麻烦"是人际关系的互动，只要"麻烦"得当，这种互动就是良性的。

很多人之所以不愿麻烦别人或被麻烦，往往是因为经历了太多不合适的"麻烦"。再加上越来越多的人曲解"麻烦"的本质，似乎麻烦他人是一件不负责任甚至是不道德的事情。作家连岳就说过，人生在世，活的年纪越大，越明白"自食其力""不给人添麻烦"，是了不起的成就。我也是这么认为的，但如果一个人想要在不给人添麻烦的前提下自食其力，就真的太难了。

而且，当你在物质和精神上能够达到自给自足时，其中也一定少不了他人的帮助。

所以，到最后我们只需要问自己一个问题——我该如何让"麻烦"滋养自己与他人的感情呢?